2019

4.—

Ruth Petitjean   *Sterne berühren*

Ruth Petitjean-Plattner

Sterne berühren

29 wahre Geschichten, 1 Gedicht

Verlag Infra-Text CH-4422 Arisdorf

Autorin: Ruth Petitjean-Plattner

Impressum   Seite 141

Für weitere Infos: www.rpp.ch

Alle Rechte vorbehalten © 2014 by Verlag infra-text

INHALTSVERZEICHNIS

Vorwort: 3

I Begegnungen
Sterne berühren 7
Abschied an der Friedhofmauer 13
Besuch bei zwei alten Damen 17
Der Milchmann von Haifa 21
Die Würde des Augenblicks 25

II Lustiges
Engel und Dämonen 29
Bettsocken 33
Dem Papi sein Vierzigschter 37
Die gelbe Karte 41
Ein gut Gewissen. 43
Muttertag – am Puls des Lebens 47

III Kinderphilosophen
Kinderphilosophen 53
Der Ohrengrübler im Pfarrhauskeller 57
Bevor wir auseinandergenommen werden ... 61
Gott ist für die Kleinen da 63
Ewig ist ein schweres Wort 67

IV Es war einmal
Wie Heftpflaster meine Unschuld bewahrten ... 71
Attassion Sirüple! 75
Kriegswolle 81
Mein Lehrer Probst 87
„Spooti Klassezämmekunft" Gedicht 93

V Gedankenspiele
Die Scheinzypresse 99
Danke, gut 103
Sein Leben hat sich erfüllt 107
Mein Hund ist kirchenrein ... 111

VI Weihnacht
Zu Weihnachten ist Grossmama ausgebüxt 115
Weihnachten im Posamenterhaus 121
D' Wunderchlungele 125
Änisbrötli 129

VII Zum Abschluss das Ende
Wohlfühlhotel *Zum goldenen Sternlicht* 135

Impressum 141

Bereits erschienen von Ruth Petitjean 143

Vorwort der Autorin

Kleinere und grössere Sternstunden von kleinen und grossen Leuten

Manchmal fühlen wir uns überglücklich, als könnten wir Sterne berühren.
Oft lassen wir uns von Sternen berühren, wo sich die Pracht eines unendlichen Firmaments über uns wölbt und ausdehnt, grenzenlos, ewig.
Uns berühren auch Sterne, die in Geschichten eingewoben sind.
Ich denke an den Stern mit dem Schweif, den von Bethlehem, dem die drei Könige nachgefolgt sind. Mit ihm hat sich der Stern in der Advents- und Weihnachtszeit bewährt und vermehrt, in allen erdenklichen Formen, Materialien und Farben. Er wird tausendfach besungen - und gebacken wird er auch: am Liebsten ist mir der Zimtstern!
Gerne erinnere ich mich an die Sterntaler, das wunderschöne Märchen der Gebrüder Grimm.
Die Sehnsucht, bis zu den Sternen gelangen zu können, ist wahrscheinlich so alt wie die Menschheit. Der Plan, den Turm zu Babel „bis zu den Sternen" erbauen zu wollen, hat jedoch bloss für grösste Verwirrung gesorgt.
Sterne weisen uns den Weg. Sowohl auf dem Meer, wie in der Verlassenheit der Wüsten, oder in der Luft, haben sich Reisende nach Sternbildern orientiert.
Sterne erzählen Geschichten. Sterne wurden zu Geschichten. Sterne sind Symbole.
Augenstern, Sternchen, Filmstar, Sternzeichen...in Comics umrunden Sternchen Kraftausdrücke und Flüche *Stärnefeufi*!

Automarken benutzen den Stern als Statussymbol. Hotels oder Restaurants werden nach einer Anzahl Sterne bewertet. Von der Tourismusbranche über den Obstbrand bis zur Hundezucht dient er als Gütesiegel. Die Sterne-Klassifizierung ist oft verwirrend geworden.

Die Schirmmütze der Schweizer Grenzwache zeigte einen Stern als Emblem.

Dass der sechszackige Davidstern während der Nazizeit als himmeltrauriges Wahrzeichen der Judenverfolgung missbraucht wurde, ist tief beschämende Sterngeschichte.

Sterne berühren uns.

„Kannst du einen Stern berühren?", fragte man das Kind.

„Ja", sagte es, neigte sich, und berührte die Erde.

Dieser schöne Gedanke von Hugo von Hofmannsthal ist Geschichte geworden - wertvoll in seinem philosophischen Inhalt.

Wer nach den Sternen greifen will, greift ins Leere.

Wer wirklich zu den Sternen greifen will, soll sich neigen und unsere Erde berühren. Hier findet sich Leben in Fülle, und damit funkelnde, glitzernde, leuchtende, glühende Vielfalt.

So jedenfalls erlebe ich Begegnungen und Gespräche mit meinen Mitmenschen. Ihre Geschichten berühren oder bewegen mich, sie lassen mich nachdenken, bringen mich zum Lachen oder zum Weinen. Es sind die kleinen oder grösseren Sternstunden von kleinen oder grossen Leuten, die ich hier festhalte.

Sollten wir in diesen authentischen Erzählungen ab und zu Gemeinsamkeiten entdecken, kleine Lichtblicke, werden sie zu Sternen, die berühren.

Das Grosse im Kleinen finden.
Das Kleine im Grossen entdecken.
Sterne berühren...

                        Ruth Petitjean - Plattner

I BEGEGNUNGEN

Sterne berühren
Eine Hommage an Robert Joss-Wittwer, 1917-2008

Zuerst war er Verdingbub.
Nein - eigentlich nicht - ganz zuerst war er der jüngste Sohn einer ganz normalen Familie im Welschland, bis sein Vater traurigerweise starb. Danach hat man seiner Mutter alle Kinder weg genommen und sie fremd platziert, zu ganz verschiedenen Bauernfamilien, die alle weit entfernt voneinander wohnten. Alle Geschwister wurden zu armen Verdingkindern, Opfer von „fürsorgerischer Zwangsmassnahme". Robert hat seine ältere Schwester an seiner Konfirmation erst kennen gelernt. Sie hatte ihren jüngeren Bruder ganz überraschend besucht, an jenem denkwürdigen Tag.
Der kleine Röbeli hatte, im Gegensatz zu seinen älteren Geschwistern, grosses Glück mit seinem „Ziehvater", wie er ihn nannte. Er habe ihn immer gerecht behandelt und ihn sogar einen Beruf erlernen lassen: eine Ausnahme unter den Verdingkindern!
Der alt gewordene Robert und ich sassen in einer Gartenwirtschaft, im Schatten knorriger Kastanienbäume und heller Sonnenschirme. Ich sehe ihn vor mir, mit seiner obligaten Zigarette und der Tasse Kaffee. Das Schoggeli dazu hatte er, galant wie immer, mir geschenkt.
Er trug kein Hörgerät und er redete daher mit lauter, deutlicher Stimme. „Das Gerät kann allein hören, zu Hause auf dem Tisch, ich liess das Radio laufen!", pflegte er schmunzelnd zu sagen, aber zum Erzählen brauchte er es ja nicht. Zuhören war mein Part der Geschichte. Und das tat ich, sehr aufmerksam und fasziniert von seinem Bericht.
Er erzählte von seinem Dienst als Zollbeamter während des 2.Weltkriegs. „Weisst du, es war grauenhaft. Wir mussten hunderte von Menschen zurück nach Deutschland

schicken, an den Schweizer Grenzen. Wir waren diejenigen an der Front, die einfach diese unmenschlichen Befehle auszuführen hatten."

Robi geriet in Rage: „Der verdammte von Steiger mit seinem übervollen Boot! Der steckte doch mit den Nazis unter einer Decke! Er hockte da in Bern, dachte sich die totale Grenzsperre für jüdische Flüchtlinge aus, und wusch seine Blutpfoten in Unschuld! Und wir? Welche Möglichkeiten hatten wir, die wir die Tränen der Leute sahen, welche, wie wir inzwischen genau wussten, in einen grausamen Tod geschickt wurden? Wir waren angestellt als kleine Zöllner, hatten Familien und mussten den Dreckjob erledigen für die Herren z'Bärn! Man hätte uns Landesverräter geschimpft, wenn wir angefangen hätten uns zu weigern. Stell dir das mal vor! Wir hatten schlaflose Nächte und fühlten uns selber oft als himmeltraurige Opfer der Politik!"

Robi ereiferte sich sehr und ich bekam fast Angst um sein altes Herz. Er qualmte mit seiner Zigarette und wir bestellten einen kühlenden Most.

Etwas gefasster erzählte er weiter:

„Wir Zöllner mussten oft entlang des Rheins patrouillieren. Da standen in Abständen kleine Wachlokale, und dazwischen bewegten wir uns dem Rheinufer entlang, hin und her, vor allem um zu beobachten, ob keine Leute aus Deutschland herüber schwammen, in unser gelobtes Land.

Eines Abends hörte ich ein Rascheln im Gebüsch. Ich hielt meine Karbidlampe höher und leuchtete direkt ins Gesicht einer Frau, die schlotternd vor Kälte und Nässe am steilen Rheinbord kauerte.

Vergessen waren in diesem Augenblick sämtliche Erlasse und Gesetze von Bundesrat von Steiger und seinen Kumpanen. Ich sah bloss eine junge Frau die Hilfe brauchte, die fast von Sinnen war vor Angst. Ich hing ihr meine Uniform-

jacke über die Schultern und führte sie in das nahe gelegene Zollhäuschen. Ich beschwor sie, sie sei bald in Sicherheit. Sie müsse aber unbedingt meine Anweisungen haargenau befolgen. Ich erklärte ihr eindringlich, welche Wege sie gehen soll, wo sie abzweigen muss, schilderte deutliche Merkmale an Strassenkreuzungen und Verzweigungen. Sie würde dann, bei dem Bauern im Hinterland, den sie hoffentlich finden könne, gewiss Unterkunft erhalten. Sie solle sich bei diesen, seinen Freunden, auf „Robi" beziehen. Die Leute hälfen ihr dann weiter, bis sie über mehrere Stationen einen Ort finden könne, wo sie gewiss nicht mehr zurück geschickt werde. Irgendwo in der inneren Schweiz."
Robis Schilderung wirkte so lebendig, als wäre das alles erst kürzlich geschehen. Seine Augen waren weit offen, er fühlte sich um all die Jahre zurück versetzt. Ich wagte nicht, ihn zu unterbrechen.
Als er weiter berichtete, glänzten Tränen auf seinen runzligen Wangen. Er musste ein-, zweimal schlucken, bevor er sprach:
„Weisst du, wir hatten alle beide eine fürchterliche Angst. Als sie da drin war, in der Hütte, wurde mir erst klar, was ich da tat. Auch bei mir stand viel auf dem Spiel: der Verlust meiner Arbeitsstelle oder noch Schlimmeres. Ich hatte meine Anweisungen hastig, beschwörend an sie weiter gegeben, immer im Bewusstsein, dass demnächst meine Ablösung erscheinen könnte.
Kaum war die junge Flüchtlingsfrau in die Dunkelheit davon geeilt und ich wieder in meinen Dienstkittel geschlüpft, erschien auch schon mein Kollege.
„Alles klar, nichts Besonderes...", beantwortete ich seine Routinefragen.
Ich vernahm nie mehr etwas von ihr, ausser dass sie meinen Freund, den Bauern, wahrhaftig gefunden hatte in

jener Nacht und dass der sie auf geheimen, verschlungenen Pfaden hat weiter ziehen lassen. Ich wusste nur, dass sie Jüdin war, aber einen Namen kannte ich natürlich nicht." *
Robi musste etwas trinken. Die Gedankenreise zurück in die belastende Vergangenheit, das viele Reden, die gestaute Wärme unter den Sonnenschirmen; all das war anstrengend für einen Mann von beinahe neunzig Jahren.
Ich fragte mich, was wohl aus der jungen, verzweifelten Frau geworden sei.
„Und jetzt musst du aufpassen!", redete Robi weiter. Aber das tat ich ja schon die ganze Zeit.
„Die Geschichte ist noch nicht zu Ende!
Wir, meine Frau und ich, sassen vor wenigen Wochen in Kaiseraugst in einem Restaurant am Rhein. Am Sonntag essen wir manchmal dort, weisst du, damit sie nicht kochen muss. Ich hockte gegenüber vom Eingang. Die Tür öffnete sich, es trat eine alte Dame herein, begleitet von zwei anderen Personen. Dann geschah es - wie ein Blitz! Ein blitzschnelles Erkennen! Wir beide starrten uns an. Die vielen Jahre, die seit dem Weltkrieg vergangen waren, die schrumpften einfach. Sowohl mir, wie auch ihr wurde sofort klar, wer wir sind! Die Umgebung, wo man sich sehr über unser Verhalten gewundert hatte, wie man uns später mitteilte, existierte nicht mehr.
Ich sah weder graue Haare noch eine runzlige alte Frau. Ich erkannte die Augen und in ihnen das schlotternde junge Mädchen, und sie erkannte offenbar zeitgleich den Zöllner wieder. Ihren Engel in Uniform, so hat sie mich später genannt." Robi lächelte verlegen.
„Wahrscheinlich zitterten meine Beine, als ich mich erhob und ihr entgegen ging, um sie zu fragen, ob sie's wahrhaftig sei. Sie hat einfach genickt und leise geantwortet, dass sie es sehr wohl sei.

Sie setzte sich zusammen mit ihren Begleitern an unseren Tisch. Sie begann zu erzählen. Sie sei heute hier an den Rhein gekommen, weil sie ihrer Familie soeben den Ort gezeigt habe, wo sie vor beinahe 60 Jahren in die Freiheit geschwommen sei. Dem wertvollen, einzigartigen Leben entgegen, welches sie allein diesem Mann hier - sie deutete auf mich - zu verdanken habe.

Sie hätte sich längst bei mir bedanken wollen, sagte sie zu mir. Sie kannte, ausser „Robi", weder Name noch Adresse und wusste nicht, wohin sie sich wenden solle. Umso mehr ist es ein Wunder - wir konnten es kaum fassen, ein erneutes Wunder, dass wir uns hier, als betagte Menschen, noch einmal begegnen durften."

Robi räusperte sich und zündete sich eine Zigarette an. Dann erzählte er mir weiter:

„Dass dies ein sehr emotionaler Moment war, versteht sich von selbst.

Nach der ersten totalen Überraschung erfuhr ich, dass die junge Frau damals in der Schweiz bleiben durfte bis zum Kriegsende, dass sie danach zu ihren wenigen überlebenden Verwandten nach England reisen konnte, dass sie dort Medizin studierte und viele Jahre lang segensreich als Ärztin wirkte."

Der alte Mann redete nicht mehr weiter. Es gab nichts mehr zu sagen.

Robi und diese Frau - sie leben inzwischen beide nicht mehr.

* * *

Ihre Geschichte aber soll weiter leben.

Dank dem Mut ihres „Engels in Uniform" hat die Frau später, als berufene Ärztin, selber oft Leben retten können.

Vom Verdingbub zum Lebensretter.
Vom Flüchtlingskind zur Lebensretterin.
Als sich die beiden damals begegnet waren, in Furcht und Panik gefangen, hatten sich ihre Gesichter gegenseitig tief eingebrannt in ihrem Unterbewusstsein. Ihre Seelen wollten sich noch einmal treffen, fast genau am selben Ort. Und als das geschah, über ein halbes Jahrhundert später, waren sie sich sofort wieder vertraut.
Danke, Robert, für deine wertvolle Geschichte; ein Beispiel echter, edler Menschlichkeit.

* Die Schirmmütze der Schweizer Grenzwache zeigte einen Stern als Emblem.
Während der Nazi-Zeit in Deutschland mussten Juden einen Davidstern tragen.
Sterne berühren ...

Abschied an der Friedhofmauer

Schon seit längerem spürte ich, dass das gepflegte Haus, in dem Mike und Dieter wohnten, sich irgendwie verändert hatte. Es gab keinen Liegestuhl mehr auf der Terrasse, es sind keine neuen Blumentöpfe mehr bepflanzt worden auf dem Vorplatz, in den sonst peinlich exakt angelegten Rabatten wucherte Unkraut. Es schien, als habe in letzter Zeit sogar das Licht in den Fenstern seine Wärme verloren.
Manchmal, wenn ich mit unserem Hund unterwegs war, begegnete ich Mike und seinem Labrador. Er war Amerikaner und sprach kein Wort Deutsch. Meinen Englischkenntnissen tat eine Auffrischung nur gut. Bei gemeinsamen Spaziergängen erzählte mir Mike ab und zu aus seinem Leben, das er mit seinem Partner teilt. Er lernte ihn kennen und lieben damals, als Dieter, der Banker, beruflich in den USA beschäftigt war.
Mike hatte in seiner Heimat Alabama kompromisslos alle Brücken abgebrochen und ist, zusammen mit Leyco, dem Hund, seiner grossen Liebe Dieter in die Schweiz nachgefolgt.
In unserem Dorf haben die beiden das moderne Anwesen erworben, wo Mike sich fortan als geschickter, kreativer Hausmann betätigte und Dieter, wie er mir grinsend erzählte, mehr als genug Geld verdiente, damit sich die beiden jeden Luxus leisten konnten.
Meine Bekanntschaft mit Dieter blieb oberflächlich und bestand bloss aus einem freundlichen Winken, wenn er an mir vorbei fuhr. Dieter ging niemals zu Fuss irgend wohin, wie mir Mike lachend versicherte.
Die leisen Veränderungen am Heim von Mike und Dieter beschäftigten mich. Es wirkte einfach nicht mehr lebendig, dieses Haus.

Ich mochte Mike, weil er ein aufmerksamer, kurzweiliger Gesprächspartner war, immer interessiert an sämtlichen Themen, welche Dorf oder Welt bewegten.
In den letzten Wochen aber traf ich ihn immer seltener. Er habe gesundheitliche Probleme gehabt, vertraute er mir an, als er seinen Landrover einmal neben mir angehalten hatte.

Und dann, an einem schönen Spätsommermorgen standen, vor dem Gartentor des Anwesens, zwei enorme Möbelwagen. Sie waren beinahe schon voll beladen und ich spürte eine leise Wehmut, weil nette Menschen aus unserer Nachbarschaft verschwinden würden, und weil ich mich nicht einmal von ihnen verabschieden konnte.
Einige Stunden später fuhr ich erneut an Mikes und Dieters Strasse vorbei.
Umzugcamions waren keine mehr zu sehen, das Haus hatte leere, tote Fenster, kein Lebenszeichen war mehr auszumachen.
Ich bin ganz langsam weiter gefahren. Kurze Zeit danach, auf dem Parkplatz entlang der Friedhofmauer, entdeckte ich Mike, der ziemlich verloren neben seinem Landrover stand. In einiger Distanz war Dieters silberner Porsche parkiert. Dieter lehnte sich an seinen Wagen und hielt sein Handy ans Ohr gepresst.
Ich stoppte. „Hi, Mike! Willst du uns verlassen? So plötzlich? Gut dass ich dich noch treffe. Ich möchte mich gerne von dir verabschieden!", rief ich ihm zu und kletterte aus meinem Auto.
Mike kam auf mich zu. Er wirkte unsicher, irgendwie entwurzelt, heimatlos. Und dann umarmte er mich. Und er weinte. Der grosse, kräftige Mike klammerte sich an mich und schluchzte.
Er versuchte mir zu erklären, dass er zurück nach Alabama

fliegen werde. Morgen schon. Zusammen mit seinem alt gewordenen Labrador.
Dass sie sich getrennt hätten, er und Dieter, schluchzte er. Dass alles so sehr weh tue, all die Abschiede, vor allem vom Freund - ja, sie wollten eine Freundschaft beibehalten. Dieter habe sich halt neu verliebt. Vom Haus musste Mike sich trennen, welches bereits eine nette Familie gekauft habe, von seinem zufriedenen, glücklichen Leben als Hausmann, von der schönen Schweiz, von all den freundlichen Menschen. Und das habe er nun einfach nicht mehr ausgehalten, sich von den Nachbarn verabschieden zu müssen. Das tue zu sehr weh. Er würde nur noch weinen müssen.
Da heulten wir nun im Duett. An der Friedhofmauer. Wirklich ein stimmungsvoller Ort für dramatische Szenen.
Dieter, der Banker, war indes die ganze Zeit am telefonieren. Mike war ein nicht mehr ganz junger Mann, wahrscheinlich gegen sechzig Jahre alt. Es muss enorm schwierig sein, sich privat und beruflich wieder irgend eine Perspektive, eine erfüllte lebenswerte Zukunft erschaffen zu können im teilweise prüden Amerika, wo er wieder ganz von vorne wird anfangen müssen. In seinem Heimatstaat, der zum fundamental religiösen „Bible Belt" der USA gehört, breitet sich eine oft aggressive Aversion gegen Homosexuelle aus. Sie wirkt untolerant, aus Unwissenheit oder Rechthaberei, und ist beängstigend.
Es gibt unzählige Trennungen und Scheidungen. Sie alle tun weh. Es ist egal, ob Männer oder Frauen auseinander gehen, der Schmerz um verloren gegangene Liebe bleibt sich gleich.
Mikes Ringen um das Loslassen, seine verzweifelten Gefühle haben mich bewegt. Und all dies geschah beim Friedhof, wo innerhalb, und heute auch ausserhalb der Mauer Abschiede beweint werden.

Ich wusste in diesem Augenblick ganz genau, dass wir uns in diesem Leben nie mehr begegnen würden.
Und das sagte ich ihm. Und dass ich ihn nicht vergesse und dass ihn meine guten Gedanken begleiten werden, und alles, was man halt so redet.
Mike ist inzwischen in Alabama gelandet. Kürzlich ist er geflogen, mit seinem alten, gebrechlichen Hund.
Er musste viel zurück lassen.
I wish him the very best.

Besuch bei zwei alten Damen

Heute lade ich Sie gerne dazu ein, zwei alte Damen, die beide im selben Seniorenheim zu Hause sind, mit einem Besuch zu überraschen. Bitte begleiten Sie mich:

Anni
Es kostet eher etwas Überwindung, die Anni zu besuchen. Sie ist eine interessante alte Dame, mit markantem Profil, welches einiges über ihre starke Persönlichkeit verrät. In jüngeren Jahren ist sie, durch diverse Umstände, weit in der Welt herum gekommen, bis nach Asien. Trotz ihren beinahe 90 Lebensjahren besitzt sie einen wachen, lebendigen Geist. Sie verwickelt mich bald in ein anstrengendes Gespräch.
Sie sitzt etwas steif in ihrem grossen Lehnstuhl, eine kleine, gedrungene Gestalt, die, wie es ihre Haltung ausdrückt, jedoch sichtlich bemüht ist, sich nie unterkriegen zu lassen.
„Da siehst du es, sie haben mich hier drin eingesperrt", quengelt Anni, bald nach

Silvia
Auf den Besuch bei Silvia freue ich mich. Sie ist eine interessante alte Dame, mit markantem Profil, welches einiges über ihre starke Persönlichkeit verrät. In jüngeren Jahren ist sie, zusammen mit ihrem Mann, weit in der Welt herum gekommen, vor allem auch im asiatischen Raum. Trotz ihren beinahe 90 Lebensjahren besitzt sie einen wachen, lebendigen Geist, und wir sind bald in anregende, muntere Gespräche vertieft.
Sie sitzt entspannt in ihrem weichen Lehnstuhl – eine kleine Gestalt, die in ihrer Zartheit darin zu versinken scheint. Ihr Gespräch, ihre ganze Ausdrucksweise strahlen gelassene Zufriedenheit und dankbare Lebensfreude aus.
Silvia ist interessiert an

Anni
meinem Eintreten. „Sie haben mir die Wohnung weggenommen und alles andere, nur das hier hat man mir gelassen." Dabei zeigt sie mit ihrem gekrümmten Zeigefinger im recht geräumigen Zimmer umher. Dieses ist sehr schön, wohnlich eingerichtet. Sie konnte einige ihrer privaten, antiken Möbel hier platzieren, plus zwei gut gefüllte Kommoden, die vom Rollstuhl aus erreichbar sind. An den Wänden hängen ihre Gemälde in Goldrahmen.
Neben ihrem Lehnstuhl steht der Rollstuhl, zu dem sie durch einen tragischen Unfall gekommen ist. Anni ist gelähmt und ist auf sehr viel Hilfe angewiesen. Zwei Pfleger helfen bei Toilettengängen und nachts muss man Anni beim Umlagern helfen. Sie hat oft Schmerzen und brauch ziemlich viele Medikamente, um ihr Leben erträglicher zu machen. Annis Schicksal wiegt schwer. Ihren Kindern

Silvia
meinem Ergehen, dem meiner Familie und an meiner Arbeit. Sie ist weise und feinfühlig geworden und sie lässt mich an ihrer grossen Lebenserfahrung teilhaben.
Sie wohnte einst in einem geräumigen Haus mit Schwimmhalle, grossem Garten, herrlicher Aussicht. Sie war aktiv beteiligt am Geschäft ihres Mannes. Ihr Leben war erfüllt von Beruf und Berufung, Kontakten mit bekannten Persönlichkeiten, Einladungen und vielen interessanten Reisen. Schicksalsschläge und ganz schwierige Lebenssituationen haben jedoch auch vor Silvia nicht halt gemacht. Sie aber hat niemals die geistige Dimension unseres Daseins ausser Acht gelassen. Hinter jedem Geschehen versuchte sie, einen Sinn zu finden. Der Glaube an eine geistig-göttliche Ordnung ist für Silvia zur Realität geworden; einer Quelle, aus der sie so viel Kraft schöpft, dass sie davon sogar weiter schenken

Anni
wirft sie vor, man habe sie hierher verfrachtet, ja abgeschoben habe man sie. Anni leidet und ist verbittert und erzählt jedem Besucher immer wieder dieselbe anklagende Geschichte. Vor allem ihre Tochter sei zu egoistisch gewesen, sie aufzunehmen. Die Jugend denke halt nur an sich selber. Diese Tochter aber ist allein stehend und muss arbeiten. Anni will das gar nicht zur Kenntnis nehmen.
Sofort spannt sie mich ein zu ihren Diensten: „Kannst du mir mal den Rücken einreiben, die von der Pflege tun das lausig. Und nun massier mir bitte die Beine. Und in der Schublade findest du den Clipper, für meine Nägel. Die tun das hier nicht richtig." Ich bin froh, dass ich zumindest versuchen kann, ihr etwas Gutes zu tun.
Derweil jammert Anni über das miserable Essen, über das Pflegepersonal, das nie da sei, wenn man es brauche, über die Kinder, die viel zu

Silvia
konnte – und kann.
Diese alte Dame fühlt sich nicht allein und verlassen im Altersheim. Die Menschen besuchen sie gerne, denn man geht danach beschenkt und bereichert aus dem ruhigen Zimmer, in die quirlige Welt hinaus.
Silvia hat oft Schmerzen in den Beinen und im Rücken und sie kann sich nur noch mit Hilfe des Gehwagens vorwärts bewegen.
Ich frage Silvia, ob es ihr nicht schwer gefallen sei, als sie ihr schönes Zuhause verlassen musste, um nun Tag für Tag bloss noch ein einziges Zimmer als „kleine private Insel" im Altersheim bewohnen zu können. Und ob es ihr nicht oft auch langweilig sei?
Strahlend und zugleich energisch antwortet sie mir: „Zuerst war das Loslassen nicht ganz einfach, aber es war vernünftig. Ich, als kinderlose, inzwischen allein stehende Person habe mir diesen Schritt lange und

Anni
selten zu Besuch kämen. Ich kann mir vorstellen, dass es äusserst bedrückend war, als Anni vor einem Jahr loslassen musste von ihrem geliebten Heim und von ihrem Alltag, den sie autonom zu leben gewohnt war. Der Versuch, ihr eigenes, trauriges Schicksal auf ihre zu Sündenböcken degradierten Kinder abzuwälzen, wurde nun aber zum Drama der gesamten Familie. „Warte nur, bis du einmal alt bist!", lamentiert Anni. „Solche Nachkommen wünsche ich dir dann nicht! Und nun ruf mal den Pfleger. Ich will in den Rollstuhl! Könntest ihm ja gleich zur Hand gehen, oder?"
Ziemlich ausgelaugt verlasse ich später ihr Zimmer und atme tief die frische Luft ein, draussen vor dem Pflegeheim.

PS Die Geschichten sind wahr. Die Identität der beiden Damen wurde geändert.

Silvia
gut überlegt. Ich bereue ihn nicht, ich bin heute sogar dankbar. Ich bin hier sehr gut aufgehoben. Das Essen ist fein und die Pflege ist meist liebevoll, mir genügt es so. Was braucht der Mensch bis ins hohe Alter all seine angesammelten, materiellen Dinge um sich herum horten? Und, weißt du, ich kann hier oft nachdenken und meditieren. Ich habe wunderbar viel Zeit, um für die Menschen zu beten, sie brauchen es so sehr. Die Welt leidet, aber im Gebet kann ich versuchen, Linderung zu erbitten, für diejenigen, denen es wirklich schlecht geht. Auch dafür bin ich sehr dankbar.
Eine Pflegerin betritt den Raum – und mir scheint, sie komme freudig herein und tue hier mehr, als nur ihre Pflicht…Man kommt gerne zu Silvia ins Stübchen.
Bereichert verlasse ich ihr Zimmer. Aus ihrem Fenster winkt sie mir noch zu, bis wir uns nicht mehr sehen können.

Der Milchmann von Haifa

Die Gastfreundschaft der Israelis war gross, und kompliziert waren die Einwohner des jungen Landes in den Sechzigerjahren ganz und gar nicht.
Wir haben in der Praxis einer Ärztin übernachten dürfen, meine Freundin Vreni und ich. Mehr oder weniger bequem richteten wir uns auf einem Schragen und einigen zusammengerückten Stühlen ein, eingewickelt in unsere Schlafsäcke. Die Ärztin verlangte nur, dass wir als Gegenleistung für diese Unterkunft ihre Praxis reinigen und aufräumen sollten.
Das taten wir – danach sind wir beim ersten goldenen Morgenlicht losgezogen, um uns ein gutes Frühstück zu besorgen. Das Quartier in diesem ältesten Stadtteil Haifas schien noch zu ruhen. Wir waren ganz allein unterwegs in der schmalen Strasse, zwischen Vorgärtchen, überwachsen von staubigen Hecken und wild wuchernden, blühfreudigen Bougainvilliers –Büschen. Die Sonne begann bereits ihre Kraft zu entfalten, der asphaltierte Weg zwischen den Häusern heizte sich langsam auf. Vor vielen der geschlossenen Haustüren lagen Zeitungen, die ein Junge wohl gezielt hingeschmissen hatte. Ab und zu entdeckten wir Milchkännchen und Krüge auf Stufen und Pfosten.
Nichts bewegte sich – die Gasse schien wie ausgestorben.
Ganz urplötzlich aber erschienen, wie auf Kommando, ganze Scharen von Katzen. Sie tauchten fast alle gleichzeitig auf, sprangen von Mäuerchen herunter, kamen aus den Büschen hervor, kletterten von Ästen und Toreingängen herab, der ganzen Länge des Weges entlang lauerten sie und schienen offensichtlich auf etwas zu warten. Meist magere Katzen, wie wir sie aus den Mittelmeerländern kennen, duckten sich im Schatten der Büsche in den Strassengraben. Vreni und

ich blieben stehen und schauten dem sonderbaren Treiben überrascht und fasziniert zu. Wir fragten uns, was um Himmels Willen dies zu bedeuten habe.

Von Ferne hörten wir leise eine Männerstimme singen. Die Strasse mündete in eine Kurve, darum entdeckten wir nicht sofort, was da, immer lauter werdend, singend auf uns zu rumpelte.

Ein Milchwagen war es – ein kleines dreirädriges Gefährt, bestückt mit grossen Milchkannen. Der Milchmann am Steuer sang lauthals ein jiddisches, melodiöses Lied. Das brachte Bewegung in die Katzenscharen! Die schienen das Ritual, das nun folgte, genau zu kennen und strömten alle herbei, in die Mitte der kleinen Strasse, dem Milchwagen knapp vor die Räder. Der Milchmann stoppte sein Vehikel, sprang behände herunter, dann schritt er nach hinten zu seinen Kannen, und mit einer Kelle schöpfte er Milch in ein Mass. Wir dachten natürlich, der Mann fülle nun die bereitgestellten Krüge seiner Kunden. Er aber hatte einen kleinen Besen in seiner anderen Hand und damit begann er, die Pfützenmulden im Asphalt der Strasse auszufegen und - diese mit Milch aufzufüllen! Der Belag bot viele ausgewaschene Dellen und die wurden alle flink ausgewischt und mit Milch aufgefüllt. Die Katzen umringten den Mann, strichen um seine Beine und leckten dann gierig die weisse Kostbarkeit aus den zunehmend mehr schäumend gefüllten Strassenmulden. Der Milchmann lachte uns an – er sang ständig zu seiner karitativen Arbeit – und so weit wir sehen konnten, strömten immer mehr magere Katzen herbei – die ganze lange Gasse entlang. Die Stimme des Mannes war ihr Signal. Sein Wirken hatte etwas unwahrscheinlich Würdevolles an sich, seine Bewegungen waren beinahe so flink wie die seiner Schützlinge. Auf dem Weg zurück zu seinem Gefährt füllte er die Pfützen nochmals kurz auf, dann fuhr er langsam weiter, von Haustür zu Haustür, um jetzt die Kannen seiner Kunden zu bedienen. Wer weiss, vielleicht konnte er dabei die Katzenportionen ganz sachte wieder ein wenig ausgleichen.

Die Katzen putzten die Pfützenmulden blitzsauber und verschwanden dann so rasch, wie sie gekommen waren. Alles war bald wieder wie leergefegt – in der Ferne hörten wir den jiddischen Singsang einer sich langsam entfernenden Stimme.

In der kleinen Gasse hatte sich die Hitze inzwischen fest eingenistet und die Luft begann zu flimmern.

Noch heute denke ich voller Respekt zurück an diese einzigartige Begegnung mit dem Milchmann aus Haifa. Leute wie er verhelfen der Welt zu etwas mehr Menschlichkeit. Inmitten eines Ozeans der Gleichgültigkeit erschaffen sie wertvolle, kleine Inseln der Barmherzigkeit – auch unseren Mitgeschöpfen, den Tieren gegenüber.

Die Würde des Augenblicks

„Ich bin, der ich bin," sprach Gott zu Mose. „Nicht der, der ich war. Nicht der, der ich sein werde."
„Ich bin, der ich bin."
Ein Schöpfer der immerwährenden Gegenwart...
Im Augenblick leben, im Jetzt sein. Schlagworte, die wir kennen. Wie, um Himmels Willen, setzt man dies um? Es tönt ganz einfach, sich voll und ganz im jetzigen Augenblick bewegen zu können. Sehr kleine Kinder etwa, die haben noch nicht verlernt, ihre aktuellen Momente und Gefühle spontan zu leben – auszuleben. Ihre Präsenz gehört tatsächlich dem Jetzt.
Wir vom Leben geprägten Erwachsenen aber schleppen die Vergangenheit mit uns herum, wie einen voll bepackten Rucksack. Die Fähigkeit sich zu erinnern gehört zu uns, die vergangenen Erlebnisse haben uns geformt, und sie sind zu unserer Erfahrungsschule geworden.
Ausserdem sorgen wir uns ständig um die Zukunft. Auch das gehört zu unserem Menschsein. Nur wir Menschen sind willens und fähig, unsere Zukunft (zumindest versuchsweise) zu planen.
Dazwischen aber findet die Gegenwart statt, in ihrer ganzen Einmaligkeit. Gerade jetzt.
Sie wurde geboren aus der Vergangenheit und ist die Schöpferin der Zukunft. In diesem Augenblick.
Ich arbeitete vor Jahren mit demenzkranken Menschen. Sie haben mich gelehrt, dass es unendlich wertvoll ist, den gegenwärtigen Moment bewusst zu erleben. Sie hatten das Meiste vergessen von dem, was einmal wichtig war in ihrem Dasein. Stückchen für Stückchen bröckelte die Erinnerung von ihnen ab. Immer weiter zurück entfernte sich Vergangenes von ihrem jetzigen Leben, bis sich manche,

in bruchstückhaftem Erahnen, fast nur noch in ihrer Jugend und Kindheit wieder fanden. Das Kurzzeitgedächtnis war oft gar nicht mehr vorhanden.
Die Fähigkeit, den Augenblick bewusst zu erleben, den aber haben sich diese Menschen bis weit in ihre Krankheit hinein bewahren können, - oder hat etwa die Krankheit diese Fähigkeit erst wieder geweckt..?
Aus einem Chaos von Erinnerungsfetzen, treibend in diesem See des Vergessens, tauchen klare gegenwärtige Augenblicke auf, die kurz und intensiv bewusst erlebt werden. Eine lustige Episode beispielsweise bringt jemanden zum Lachen. Sie ist, kaum erlebt, schon Vergangenheit und damit weg aus dem Gedächtnis. Das Lachen jedoch klingt in der Seele nach; es hat genau im richtigen Moment kurz und wahrhaftig gelebt.
An diesem Arbeitsplatz feierte ich einst meinen Geburtstag. Verteilt über den ganzen Tag gratulierte mir ab und zu eine neu eintretende Kollegin oder ein Besucher.
Ein Herr, Gast in unserer Betreuungspension, kam wirklich jedes Mal, wenn mich wieder jemand auf meinen Geburtstag ansprach, in derselben überraschten Freude zu mir und fragte: "Ach, Sie haben Geburtstag heute? Und ich erfahre das erst jetzt!". Liebevoll ergriff er dann meine Hand und hob zu einer Rede an, die voller herzlicher Glückwünsche war, gesprochen in Würde und Innigkeit. Verteilt auf den ganzen Arbeitstag erhielt ich von diesem demenzkranken Herrn an ein halbes Duzend Reden und Glückwünsche geschenkt, stets vorgetragen in seiner herzlichen Einmaligkeit und Authentizität, als wäre es das erste Mal.
Das waren gelebte Augenblicke, die aus seinem Vergessen auftauchten und mir so – gerade durch ihre Wiederholungen - die Kostbarkeit des gegenwärtigen Moments in aller Deutlichkeit aufzeigten.

Dieser Herr wusste sogleich nichts mehr von meinem Geburtstag. Immer wieder war darum seine Festrede für ihn einzigartig und wurde herzlich dargebracht, in dieser seiner – unserer - unmittelbaren Gegenwärtigkeit.
Er lebt im Augenblick. Und einer knüpft sich an den anderen an, innig und flüchtig zugleich...

II LUSTIGES

Engel und Dämonen

Eine Hommage an die Theologin Dr. Florence Develey und an die Spirituosen Brennmeisterin Yvonne Zuber, weil eine solche Geschichte herzerfrischend typisch ist für sie beide.

Die Stadt Basel ist bevölkert von Hunderten von Engeln und Dämonen.
Meist entdeckt man sie an einer interessanten, originell gestalteten Stadtführung, wo man durch einen versierten Sachkundigen auf die oft skurrilen Figuren an den Fassaden oder auf den Dächern der Kirchen, aber auch auf edle Statuen vor den Toren und Häusern aufmerksam gemacht wird. Es sind mittelalterliche Zeugen des ewigen Kampfs zwischen Gut und Böse.
Im Laufe der Jahrhunderte wurde aus dem griechischen „Daimon" - eigentlich eine Art Zwischenwesen zwischen Göttern und Menschen - der negativ besetzte Ausdruck „Dämon". Das Christentum versteht unter diesem Begriff „gefallener Engel", also der „Unterwelt" zugefallene Wesen.
Im Gegensatz dazu gelten die würdigen, uns Menschen wohlgesinnten Engel als Vermittler zwischen Himmel und Erde.
Dass diese beiden Kontrahenten auch heute noch leibhaftig aufeinander prallen können, ist eine Tatsache! Aber lesen Sie selbst:
Meine junge, elegante Freundin Florence ist Pfarrerin, und unter anderem betreut sie in ihrer Gemeinde auch die Katechetinnen und Religionslehrpersonen.
Mit ihnen allen unternahm sie die kurzweilige geführte Stadtpirsch, auf der Suche nach den erwähnten Engeln und Dämonen. Schliesslich kann es nicht schaden, wenn die Unterrichtspersonen diese Wesen zu unterscheiden lernen,

bevor sie auf die Kinder losgelassen werden!
Gegen Ende des Rundgangs versammelte sich die Gruppe vor der Martinskirche. Der Referent, begeistert dozierend, deutete auf einige Fratzen und wasserspeiende Dämonen. Er hatte indes immer mehr Mühe, sich gegen eine laut fluchende, tobende Stimme durchzusetzen. Seine zuvor stets aufmerksame Zuhörerschaft liess sich ablenken. Alle trippelten unruhig von einem Fuss auf den andern, wendeten die Köpfe, flüsterten und suchten nach der Ursache der Störung. Die Gotteslästerungen wurden immer lauter. Das Dämonische schien bedrohlich nahe!
Der Moment war gekommen, wo die Pfarrerin, vielleicht im eifrigen Bestreben eine Seele vor dem Verderben zu retten, die Gruppe verliess, um den fluchenden Lästerer aufzuspüren.
Ein Lastwagen stand vor der Martinskirche. Wegen Absperrungen einer Baustelle konnte er nicht bis zum Lieferanteneingang eines nahen Kaufhauses vordringen. Es roch dort stark nach Alkohol. Die Ursache dafür war rasch zu erkennen: Von einer Sackkarre waren gestapelte Schachteln seitlich herunter gekippt und eine ganze Ladung Schnapsfläschchen lag, zum grossen Teil in Scherben, auf dem holprigen Kopfsteinpflaster verstreut.
Der Fahrer stand inmitten der Sauerei, drehte der Pfarrerin den Rücken zu und liess weiterhin Dampf ab, in Form der erlesensten Flüche.
Inzwischen versuchte der Stadtführer übrigens weiterhin verzweifelt, mit seinen Erklärungen das Gebrüll zu übertönen, um die eindrücklichen Fratzen der Dämonen an der Kirche zu erläutern.
Meine schon von Berufes wegen hilfsbereite Freundin, in ihren schicken Schuhen vorsichtig im Alkohol watend, streifte kurzerhand ihr helles Mäntelchen ab und warf es

über die Baubarrikaden. Dann nutzte sie die Pause zwischen zwei Kraftausdrücken und fragte, ob sie irgend etwas helfen könne?
Der Fahrer drehte sich um......und erwies sich sogleich als eine Fahrerin! Der Pfarrerin sehr bekannt! Vor ihr stand Yvonne, ein energisches, aber üblicherweise herzensgutes Gemeindemitglied jenes kleinen Dorfes, in welchem Florence, damals blutjung, ihre allererste Pfarrstelle inne hatte. Sie hatten sich seither kaum mehr getroffen. Yvonne aber überbrückte all jene vergangenen Jahre mit einem einzigen Satz: „Aha, du bist's. So eine Sauerei, schau dir diesen verdammten Mist mal an! Da kann nicht mal die Kirche helfen!"

Der Stadtführer unterbrach indes notgedrungen seine Erläuterungen, und die Katechetinnen und Religionslehrpersonen dachten, angesichts dieses satanischen Radaus, sie müssten ihrer Chefin zu Hilfe eilen.
Ihre Pfarrerin aber, dieser irdische Engel, umarmte inmitten des Tohuwabohus den tobenden Dämon und drückte gar einen Kuss auf seine zorngerötete Wange. So also bezwingt man gefallene Engel!

Da in diesem Fall bloss die Ladung gefallen war, half die Gruppe blitzschnell die Scherben wegzuräumen, um die noch unbeschädigten Flaschen zu retten und sie zurück auf die Karre zu stellen.
Die Fahrerin wetterte weiter, da ja alle Etiketten pflotschnass seien, könne sie diesen Bockmist eh nicht mehr liefern. Sie drückte brummend jeder Helferin, jedem Helfer eine feuchte Flasche dieses auserlesenen Baselbieter Spiritus in die Hand.
Ein kräftiger männlicher Religionspädagoge half dann

noch, die restliche Ware wieder in den Camion zu verladen. Engel und Dämonen in Basel: Wo der Spiritus Sanctus wirkt, umarmen sie sich sogar...so steht es auch im Buch der Bücher geschrieben - nicht wahr?

Bettsocken

Claire hatte in die Schweiz geheiratet. Seit den Sechzigerjahren wohnt sie in einem stattlichen Dorf im Fricktal.
Sie denkt ab und zu an ihre flämisch-belgische Herkunft, aber da sie offen und kontaktfreudig ist, wird sie nach und nach vertraut in ihrer neuen Heimat. Die erst skeptischen, manchmal etwas weltfremden Dörfler, lassen sie an ihren Anlässen und Vereinsaktivitäten teilnehmen. Wer in Helvetien einem Verein beitritt, gehört dazu!
Bald hat man nämlich wohlwollend zur Kenntnis genommen, dass Claire sowohl im Garten wie im Haus äusserst geschickt ist, sehr begabt in Handarbeiten, und dass sie sogar Schweizerdeutsch ziemlich rasch gelernt hat.
All diese Talente verhelfen ihr zur dörflichen Integration.
Claire stickt Deckchen, strickt Socken und Mützen, und sie stiftet diese nützlichen Dinge gerne für den Kirchenbazar oder an die Tombola bei Vereinsanlässen.
Freundschaften entstehen, und Claire trifft sich ab und zu mit Bertha, einer älteren Frau aus ihrem Dorf. Bertha kennt alle Leute aus der Gegend und sie erweist sich als sehr hilfreich, um die junge Belgierin mit vielen lokalen Eigenheiten und Gepflogenheiten vertraut zu machen.
Einmal hat Bertha der begabten Claire anvertraut, dass ihr Mann Franz stets eiskalte Füsse habe, nachts im Bett, und dass er darum warme Bettsocken tragen müsse. Sie sei froh gewesen, dass sie ein solches Paar gewonnen habe an der letzten Tombola vom Frauenverein, denn selber stricken könne sie diese Dinger nicht. Für so etwas habe sie auch gar keine Zeit. Da er abends in diesen weichen Socken auch gerne herum schlurpe, seien sie leider innerhalb einiger Monate fadenscheinig und löcherig geworden.
Kein Problem! Von nun an erhält Berthas Mann an jedem

Weihnachtsfest ein paar Bettsocken geschenkt, gestrickt von der emsigen Claire, in herzlicher Freundschaft.
So vergehen viele Jahre. Claire hat unzählige Kilometer Wolle und Garn verstrickt in all dieser Zeit.
Menschen kommen und gehen. Generationen lösen sich ab.
Claire wurde früh Wittfrau.
Auch Bertha stirbt an einem Herzleiden. Sie hat ein „schönes Alter" erreicht, wie man im Dorf sagt.
Claire geht zur Beerdigung ihrer alten Freundin. Zum Leichenmahl drängt sich die halbe Einwohnerschaft in den Saal des Sternen und Claire setzt sich in die hinterste Ecke, gleich neben den Eingang.
Am anderen Ende des langen Tisches sitzt Franz, der Wittwer, gut aufgehoben im Kreise seiner Kinder und Verwandten.
Am Leichenmahl drängt das Leben gewöhnlich mit aller Gewalt zurück, zu den Hinterbliebenen. Man hört es am zunehmenden Lärmpegel, wie sehr sich die Leute ereifern, den Fritz oder die Friedel endlich wieder einmal zu sehen, die doch immer noch genau so gut aussehen wie an der letzten Beerdigung. Mit jedem Gläschen Roten werden mehr und mehr lustige, frohe Erinnerungen und Anekdoten ausgetauscht.
Auch die Köpfe werden rot, denn die Hitze steigt, die Stimmen versuchen sich gegenseitig zu übertönen. Die Trauer weicht für diese paar Stunden einer ausgelassenen Betriebsamkeit.
Plötzlich schreckt Claire auf. Jemand hat ganz laut ihren Namen gerufen.
Es ist der Wittwer Franz, der sie entdeckt hat. Nun versucht er den Lärm in dieser Gaststube zu übertönen. Er richtet sich mühsam auf und brüllt über den langen Tisch hinweg:

„Hallo Claire! Da bist du ja! Warum so weit weg? Du weisst doch, jede Nacht, wenn ich im Bett liege, denke ich fest an dich!"
Es wird schlagartig totenstill im Saal. Empörte Blicke richten sich zuerst auf den frisch gebackenen Wittwer und dann auf Claire. Diese wird erst blass und dann feuerrot, und sie wäre am liebsten im Erdboden versunken - neben der Bertha....
Der Wittwer merkt allmählich, dass er da irgend etwas Doppelbödiges über den Tisch gerufen hat.
„Es ist nicht, wie ihr denkt", stammelt er.
„Es sind doch bloss die Bettsocken!"
„Aha! Wegen seinen Bettsocken!"
„Claires Bettsocken!"
„Ja klar, Claire strickt sie natürlich für den Franz. Seit ewigen Zeiten."
Die ganze Trauergesellschaft scheint erleichtert - und erheitert!
Bald wird es wieder laut im Raum und man beginnt Witze zu erzählen.
Die Anekdote von den Bettsocken gehört in Zukunft zum Repertoire dazu.

Dem Papi sein Vierzigschter
Raymond, 11 Jahre alt, erzählt:

Wir waren, das heisst, der Papi, das Mami, das Meiti und ich, gerade auf einer Tour de Suisse in den Ferien, als wir in Altdorf merkten, dass 1.Auguscht war, wegen den vielen Schweizer Fähnli überall und den Leuten mit den Abzeichen.
„Aha, da habe ich morn den Vierzigschten", sagte mein Vater. „Da gön mir an den Obersee, wo ich im Militärdienst war, da ist's schön."
Zuerst kurvten wir aber über den Klausenpass, wo nette Älplerkinder Alpenröslein verkauften. „Stopp!", rief meine Mutter, „das gibt ein Geburtstagssträusschen für dich, lieber Peter."
Wir schteckten die Sträusse in die Kühlbox, damit sie schön frisch blieben. Oben auf der Passhöhe rauschten lauschige Bächlein und das Meiti und der Papi soffen - eh tranken - davon. Ich probierte bloss ein wenig vom Wasser. Das Mami sagte, vielleicht haben aber die Kühe obendran schon hinein geplättert. Papi sagte, sie soll jetzt lieber schtill sein.
Und dann fanden wir das steile Weglein, wo der Papi im Dienst war.
Es war aber ganz eng und es hatte manchmal Gegenverkehr. Das Mami schaute ziemlich starr geradeaus und war sogar ganz still. Das Meiti hechelte und tropfte von hinten in jedem Rank auf mich.
„Das ist ein Geheimtipp da oben", sagte Papi begeistert. „Weil das nämlig nur vom Militär bekannt ist."
Offenbar waren schon sehr viele Leute beim Militär.
Endlig, nach vielen Ausweichmanövern (auch fascht wie beim Militär), hatten wir das Wohnwägeli nach oben geschleppt. Da war nirgends ein Cämpingverbot und darum

darf man hier auch cämpen, das wusste mein Vater. Und ich fragte: „Warum cämpt denn niemand bei uns daheim an der Häglerschtrooss?", und Papi sagte: „Schtill jetzt! Das ist öppis ganz anderes!"

Wir fanden ein idyllisches Mätteli am rauschenden Bächlein gerade am Obersee und das Mami fing wieder an zu schwärmen von Romantik und so, und der Papi lächelte stolz über seine Findigkeit. Das Meiti badete die Pfoten im Bächli und bellte fröhlich herum. Und ich musste Holz suchen. Ich muss nämlig immer etwas suchen; Taschenpfunzle, Jäggli, Turnzeug, also bin ich's gewohnt.

Dann überraschten wir den Kollegen vom Papi in einem Schalee. Der war vielleicht auch schon hier im Militär. Nun wollte er, zufrieden mit Frau und vier Töchtern und den Grosseltern, die schöne Ruhe da oben geniessen. Ich nahm einen grossen Plastigsagg voll Rageten mit und Heuler und Knaller. Sie sagten: „Nett, dass ihr kommt", und ich zeigte den Mädchen, wie man knallt. Das Meiti hatte hier einen Stubentisch, wo es drunter liegen und in Ruhe zittern konnte, wenn's chlöpfte. Es hasst den 1.August, aber ich finde ihn lässig!

Wir assen Klöpfer mit Spagetti und Salat und das Meiti lag immer noch breit unter dem Tisch. Das war diese Familie gar nicht gewohnt und alle hatten die Füsse weit weg unter die Stühle nach hinten gebogen. Und dann merkten wir, dass alle sehr müde waren und gähnten, weil der Nationalfeiertag bald fertig war. Aber der Papi hatte ja einen Schämpis im Brunnentrog versteckt, und so schwatzte das Mami munter immer weiter und schaute immer auf die Uhr. Endlich war's Zwölfi geworden und der Korken knallte und allen ging ein Lichtlein auf, ausser dem Meiti, das jaulte und dachte, die Knallerei geht nun im Haus weiter. Feierlich hoben wir alle das Glas. Nun war mein Papi Vierzig!

Aber oha! Kaum fünf Minuten war er Vierzig, da wurde er bleich und drückte die Hand auf den Mund und musste rasch raus... Dann gingen wir heim - nein zum Wohnwagen -, und die Familie vom Kollegen konnte endlich ins Bett.
Die Mutter rief: „Ei, wie schön unser Wohnwagen im silbernen Mondlicht glänzt, in dieser Einsamkeit!" Da musste der Papi schon wieder kotz...- eh, erbrechen - mitten im Gebüsch. Unterdessen las das Mami auf einem Gedenkstein, dass hier, früher einmal, drei Schwestern ertrunken seien. Jetzt redete sie von „unheimlich in diesem bleichen Mondlicht" und der Papi war auch bleich. Er konnte den Vierzigigschten nicht ertragen.
Weit oben im Wald war ein Plumpsklo von den Pfadi. Oder sogar vom Militär... Da ging mein Vater immer wieder hin. Er liess das Hüslipapier gleich dort.
Endlich war's ruhig, nur das Bächlein rauschte und das tönte fast wie z'Aschdef an der Autobahn. Und das Mami dachte laut, ob's wohl eine ruhige Nacht gäbe, und ob die drei Schwestern nicht umeinander geischtern und, dass die weissen Nebelschwaden gruuselig über dem See schweben wie im Hitschkock und Papi stöhnte dazu. Mir wurde unheimlich, aber dann schliefen wir doch ein. Das Meiti in unserer Mitte schnarchte. ---
Dann sagte ich: „Ich muss erbrechen!" Aufgeregt fingerte Mami im Finstern an der Türe herum - es klemmte und ich ergoss mich über alle Schuhe und über Meitis Decke. Die Tür sprang auf... das Meiti war zuerst draussen. Das Fenster klappte hoch... Papi musste sich gerade zum Fenster hinaus übergeben... und ich torkelte raus auf die Wiese.
Mami stellte mich neben die Feuerstelle und befahl: „Da hinein!" Und dann flogen die Schuhe raus und die Meitidecke im hohen Bogen und dazu wetterte das Mami Sachen wie: „Schöne Romantik, primitive Wildkämperei, nit emol

Liecht hett me", und so Zeug. Und Papi musste laut worgen am Wohnwagenfenster, weil's ihn grauste, und mein Mami fauchte „Zündet eim eigentlich niemer?!!"
Und ich machte alles rein in die Feuerstelle.
Dann kniete Papi zwar immer noch auf dem Nescht und hing mit dem Kopf aus dem Fenster, aber den Arm mit der Taschenlampe streckte er wacker nach hinten zum leuchten und Mami konnte die Sauerei nun sehen. Flink eilte sie mit meinem Sandkesseli und mit Geschirrtüchlein zum Bergbächlein hin und zurück und dazu gab sie laufend Kommentare ab und zwischendurch sagte sie: „Du arms Büebli."
Zuletzt musste sie nur noch alle Schuhe im Bergbach bürsten und das Meiti bekam ein Tischtuch zum Liegen und vor's Wohnwagenfenster und auf die Feuerstelle schüttete sie viel Wasser und sie schichtete gröbere Steine aufeinander. Wir waren alle erschöpft.
Und der Mond schien bleich und weisse Schwaden schwebten über dem See....
Dann kam der Durchfall.... beim Papi.
Und Mami fauchte, er habe nun das Geschenk wegen dem Kuhplätter vom Klausenpass, aus dem Bach. Woraus er gestern saufte.
Aber das eiskalte Wasser des Bergbächleins am Obersee schwenkte alles wieder rein und der Papi kroch winselnd zurück in die Koje und seine hellblauen Boxershorts flatterten an einem Ästchen im Wind.
Endlig kam der Morgen. Wir haben in der Kühlbox geschaut und keine Wasserflasche gefunden zum Tee kochen. Nur Alpenröslein. In der Bergwirtschaft tranken wir dann Schwarztee, der Papi und ich. Und das Mami ass Gipfeli.
Und mein Papi sagte:
„Diesen Geburtstag hatte ich das Geschenk. Ich werde es wohl niemals mehr vergessen!"

Die gelbe Karte

Es war in den herrlichen Winterferien im Wallis, als ich meine Einkäufe mit meiner sonnengelben Postcard bezahlen wollte.
Die aber war nicht zu finden, weder an ihrem Stammplatz im Portemonnaie, im untersten Schlitz einer ganzen Staffel von Kärtchenfächern, noch sonst irgendwo.
Die Gelbe fehlte ganz einfach!
Mein Geldbeutel geht schwanger durch immer mehr Kreditkärtchen, Bonuskärtchen, Mitgliedskärtchen, Cumulus- und Superkärtchen,… ich könnte Kartenspielen damit.
Aber die Postcard war weg.
In Momenten wie diesem erleide ich immer einen Adrenalinstoss. Hitzewallung plus Panikattacke durchrasen mich und meine Gedanken fahren Achterbahn.
Auf dem ganzen Weg zurück in die Ferienwohnung versuchte ich mich zu erinnern, wo zum Kuckuck ich die Karte wohl zuletzt benutzt hatte?
Ich klagte den Verlust meinem klugen, in solchen Situationen stets überlegenen Gatten, damit er vielleicht mein Kartenkonto stoppen könnte.
Er hob sofort zu einem lehrreichen Vortrag an, der lautete etwa so:
„Du solltest unbedingt den Kopf bei der Sache haben, wenn du mit der Karte bezahlst. Ich selber habe Übung darin, mich automatisch immer zu versichern, dass meine Postcard korrekt an ihrem Platz versorgt ist, bevor ich ein Geschäft verlasse. Du lässt dich immer zu sehr ablenken beim Plaudern mit den Leuten, darum passiert dir so was!"
Wie ich sie hasse, diese neunmalklugen, nutzlosen Vorträge! Ich hätte ihn am liebsten geknebelt…grrrr!
„Vielleicht hatte ich sie ja zuletzt daheim auf der Post

benutzt. Ruf du doch bitte dort an!", rief ich, schon unter der Türe. Ich hatte nämlich den Hund gepackt um mit ihm an die frische Luft zu gehen, bevor ich selber in die Luft gehen würde!

Gut ausgelüftet und munter kamen wir nach einer halben Stunde wieder zurück, der Hund und ich.

Erstaunlicherweise wirkte mein Mann nicht mehr so überheblich wie zuvor, eher zerknirscht, und ich fürchtete schon, dass die Karte wohl doch nicht auf unserer Post zu finden gewesen war.

„Konntest du mein Konto sperren?", fragte ich zaghaft.

Er druckste herum, er grinste dann plötzlich so eigenartig, und durch seine wohl überlegt gewählten Worte vernahm ich nach und nach folgende Ungeheuerlichkeit:

"Ich habe den Posthalter erreicht. Kein Problem. Deine gelbe Karte ist wirklich dort geblieben, er hat sie für dich in eine Schublade gelegt."

„Und", sprach mein Mann zögerlich weiter: „Komisch - meine eigene Karte liegt übrigens auch bereits dort drin. Schon länger als die deine. Hat der Posthalter gesagt. Sonderbar, nicht wahr? Er fragte mich, ob ich die meine denn noch gar nicht vermisst hätte!?"

Mein Mann fand das richtig lustig. „Seine und Meine" traut und gemeinsam in derselben Postschublade liegend!

Zum Losbrüllen fand ich es! Von wegen Übung und ablenken...und Kopf bei der Sache haben.

Nächstes Mal kneble ich ihn ganz bestimmt!

Ein gut Gewissen

Wir wohnen im Kanton Baselland, genau an der Grenze zum Kanton Aargau. Dass uns vor kurzem aber die Aargauer Polizei telefonisch erreichen wollte, ist trotzdem ziemlich unüblich. Solches hatte also sicher einen gewichtigen Grund.
Als ich die Nummer der Polizei auf unserem Telefonspeicher bemerkte, hat mich sofort das schlechte Gewissen gepackt.
Ich war nämlich am Montag in Magden, Aargau, wo ich seit Jahren unterrichte.
Dort hatte ich mein Auto offenbar so blöd parkiert, ohne einen Gang einzulegen und ohne die Handbremse zu ziehen, dass es ein wenig zurück rollen konnte. Sein Hinterteil ragte über das Parkfeld hinaus auf die Strasse. Ziemlich weit hinaus ragte es…ich hatte es nicht bemerkt.
Nach dem Unterricht erst erfuhr ich es, weil mich ein paar Kinder aufgeregt darauf aufmerksam machten. Ich verschwand schön sachte vom Tatort, froh, dass mich offenbar niemand angezeigt hatte. Gefährlich wurde es für niemanden, aber illegal war es allemal.

Und nun, drei Tage danach, entdecke ich diese Aargauer Polizeinummer auf dem Display – Oh herrje! Wahrscheinlich hat mich doch noch so ein Allerweltsbünzli angezeigt!

Abends traf ich meinen Göttergatten in der Stadt. Wir nippten entspannt an einem Cüpli, im Foyer des Stadttheaters. Ich erwähnte den blöden Aargauer Polizeianruf, der während unserer Abwesenheit eingetroffen sei. Mein Mann schaute erst ziemlich betroffen drein. Er schwieg.
Bei dieser Gelegenheit beichtete ich ihm auch gleich mein

Parkiermissgeschick und dass ich nun befürchtete, irgendein Perfektionist habe mich wahrscheinlich angezeigt.
Ich rechnete mit einer seiner üblichen klugen, nutzlosen Moralpredigten über „Kopf bei der Sache haben, konzentriert und aufmerksam sein", und so weiter.
Ganz gegen die Gewohnheit meines Angetrauten sagte er aber gar nichts. Vorerst jedenfalls. Ich wunderte mich sehr.
Dann murmelte er irgendetwas, das klang wie: "Das könnte theoretisch auch mich angehen."
Ich traute meinen Ohren nicht. Das könnte, theoretisch, auch ihn angehen!? „Wieso? Warum? Hast du etwa auch etwas angestellt im ehrenwerten Kanton Aargau?"
Bereits wieder in Siegerlaune erzählte er im Plauderton:
„Ich habe vor drei Tagen, das war auch am Montag(!), in Rheinfelden beim Parkieren einem Nachbarn einen Kratzer gemacht. Einem Nachbarauto, natürlich. Nicht schlimm. Kaum zu sehen. Eine Bagatelle." So berichtete mir mein Gatte Dinge, die er mir unter gewöhnlichen Umständen offenbar niemals berichtet hätte.
„Kein Problem. Habe alles im Griff. Der Geschädigte macht keine Anzeige. Wir regeln das selber, waren bereits in der Garage zur Schadenaufnahme. Eigentlich habe ich ein gut Gewissen."
Aha. Sein eigenes Parkschadenproblemchen war also eine geregelte Bagatelle. Er hat ein gut Gewissen.
Ich dummes Huhn leider nicht.
Dann gilt der Anruf vielleicht halt doch mir und meinem Hinterteil, das auf die Strasse hinaus ragte. Mist.
Am anderen Morgen früh – der Gatte lag noch zu Bette – stand die Aargauer Polizei leibhaftig vor unserer Tür. In Uniform, bewaffnet. Aber das sind sie vielleicht immer, wenn sie im Dienst sind. Man überschreitet die Kantonsgrenze mit Waffe.

Unser Hund freute sich wie verrückt über den morgendlichen Besuch. Er war der einzige Fröhliche. Nun also kam es aus, wer denn im Aargau eine wahre Sünde begangen hatte. Als erstes habe ich den Polizisten nämlich recht unfreundlich angeschnauzt, warum er herkomme! „Um welches Auto geht es? Um das grüne oder um das helle?!"
Der Polizist schaute unsere beiden vor dem Haus parkierten Wagen an und sagte ziemlich überrascht: „Um diesen hellen da geht es eigentlich!"
Aha! Da haben wir's! Der morgendliche Polizeibesuch galt somit meinem Mann. Seine „Bagatelle im Griff" hatte eben doch noch eine Anzeige erstattet.
Mein harmloses Hinterteil schien keinen zu interessieren!
Von wegen „gut Gewissen"…Dieses muss diesmal recht teuer zurück erkauft werden, mein liiieber Mann!

Muttertag – am Puls des Lebens
Oder: „Ein Dorfpfarrer braucht gute Nerven"

In unserem Dorf wird schon seit Jahren ein schöner Brauch gepflegt. Immer am Muttertag lässt der lokale Jodlerchor seine Stimmen erschallen, in unserer akustisch erstklassigen Kirche. Sie bereichern damit den Gottesdienst. Zudem werden alle Frauen, nicht nur die Mütter (den Nachweis dafür einzufordern wäre zu kompliziert), beim Ausgang mit einer Rose beschenkt.

Mein Mann begleitet mich gern zu diesem Muttertagsgottesdienst, denn er geniesst die heimatlich geprägten Klänge. Wir kamen natürlich zu knapp – die Jodler jodelten bereits, und da sie alle im Chor standen, sahen sie genau, wer da zu spät herein platzte. Wir tauchten rasch ab in den hinteren Reihen.

Zuerst standen zwei Taufen an; ein schlafender Säugling und ein Mädchen, das bereits zwischen den Bankreihen auf und ab rennen konnte. Das hat es auch ausgiebig und übermütig gemacht, gefolgt von einer ganzen Schar Kindern, sogar während der folgenden Predigt. Die Taufe liess es gleichmütig über sich ergehen. Gleich nach dem Wasserzeichen auf seiner Stirn rannte es, noch während das Taufglöcklein bimmelte, fröhlich wieder zum Rest seiner Familie, welche in den Bänken sitzen geblieben war.

Des Pfarrers Worte wurden fortan begleitet vom Trampeln kleiner Kinderfüsse auf dem Holzboden und übertönt von übermütigem Lachen und Rufen. Dazwischen kämpften mehrere Eltern und Erzieher der wilden Sprösslinge ziemlich geräuschvoll, aber recht erfolglos mit ihrem Nachwuchs. Mit der Zeit wurden die Kleinen wohl müde und erstaunlicherweise doch für einige Augenblicke ruhiger – dafür hörten wir den inzwischen wach gewordenen

Säugling schreien. Sein Brüllen wurde aber mehrmals abgewürgt durch Nuggi oder Trinkfläschchen. Die Eltern der Kinder kamen sehr ins Schwitzen. Die hatten zu tun, wie „die Braut im Bad"...so pflegte meine Grossmutter zu sagen.

Immer wieder erreichten auch des Pfarrers Worte mein Ohr. Er redete von Müttern und einer „gefallenen Frau", die dem Heiland die Füsse mit kostbarem Öl gesalbt haben soll. Und gerade da kippte, einige Bankreihen vor uns, eine alte Frau seitlich an die Schulter ihres Sohnes. Der Pfarrer schien das nicht zu bemerken – er predigte seelenruhig weiter. Der Sohn indessen stützte seine Mutter und murmelte hastig auf sie ein.

Das Mütterchen rutschte dann vollends ab, an die Brust des Sohnes – da hielt der Pfarrer inne. Diejenigen, die in den Bankreihen vor der alten Frau sassen wussten nicht, was diese Kunstpause bedeuten solle. Wir, die hinter ihr sassen, sahen alles. Der Pfarrer tröstete nun in beruhigendem Ton, dass ja drei Ärzte im Kirchenraum seien, da könne wohl nichts passieren. Auf dieses Stichwort hin eilten die drei Ärzte/innen herbei und umrundeten die alte Frau mit Sohn. Derweil erzählte der Pfarrer unbeirrt weiter aus dem zweiten Testament, über die gefallene Frau und die Güte des Herrn, der da nicht wertete.

Die Ärzte, im Konsilium, haben Puls gefühlt und Wasser gebracht. Sie wollten die alte Frau offensichtlich dazu bewegen, hinaus zu gehen, an die frische Luft oder in den Vorraum, da man dort besser nach ihr sehen könne, ohne den Gottesdienst weiterhin zu stören.

Das frisch getaufte Mädchen hatte soeben wieder einen lustvollen Jauchzer von sich gegeben und trampelte keck die Stufen zur Kanzel hinauf und wieder herunter. Der Jodlerchor in Festtagstracht, der in der Chorrunde sass und darum die Gemeinde frontal anschauen konnte, hatte eine gute Sicht auf das Geschehen rund um die alte Dame. Diese richtete sich zwischendurch wieder auf und war offensichtlich nicht bereit, die Kirche zu verlassen. Sie sass bolzengerade und ich dachte: „Hoppla, diese Frau weiss, was sie will..." Inzwischen hatte die gefallene Frau in der Muttertagspredigt dem Jesus die Füsse mit ihrem Haar getrocknet, als die Alte vor unseren Augen gerade wieder umkippte – leichenblass - und mit ihrem Kopf auf dem Schoss ihres Sohnes landete.

Eine der Ärztinnen rannte nun hinaus, bereits das Handy am Ohr – der Siegrist, der sowieso längst wie auf Kohlen sass, hastete ihr nach. Der Täufling krähte vor Vergnügen. Die Gemeinde murmelte.

Meine Gedanken schweiften ab und ich sinnierte, dass dies eigentlich nicht der schlechteste Tod wäre, inmitten der Gemeinde, getragen vom Wort Gottes, und all das in der schönen Kirche unseres Dorfes. Ab nächster Woche wird sie übrigens renoviert – die Kirche. Und – wo, um Himmels Willen, könnte dann wohl die Abdankung stattfinden?

Der Pfarrer, der nun von der Bibel zur Gegenwart überschwenkte, redete vom Verzeihen. Gerade am heutigen Tag solle dies, in unseren manchmal schwierig gewordenen Mutter-Kind-Beziehungen, von grosser Bedeutung sein. Recht hat er! Die alte Mutter lag über den Knien des Sohnes, der Länge nach hingestreckt auf der Kirchenbank. Die Predigt ging dem Ende entgegen, wir alle beteten das Vaterunser, stehend. Nur das Mütterchen lag. Und der Sohn sass. Die Jodler sangen ein berührendes Lied vom Bärgfrüehlig und der Schönheit in Gottes unberührter Natur.

Während der ersten Strophe schon erschien der Sanitäter des Krankenwagens, in Signalrot und grell leuchtendem Warngelb, damit er im Strassenverkehr sofort wahrgenommen

wird. Schneidig, scharf beobachtet von den jodelnden Jodlern und im Rhythmus ihres Gesanges, durchschritt er die Bankreihen. Er wurde wirklich sehr gut wahrgenommen von all den Kirchenbesuchern, die das Glück hatten, im hinteren Teil zu sitzen. Die Vorderen bekamen nach wie vor weniger mit. Inzwischen aber thronte die alte Dame bereits wieder sehr aufrecht inmitten der drei Ärzte, neben ihrem Sohn. Der freundliche Sanitäter redete längere Zeit auf die Frau ein, stets umjubelt vom Jodelgesang, bis er sie soweit hatte, mit ihm und den anwesenden Medizinern, plus Sohn, die Kirche zu verlassen. Die Jodler waren bei der vierten Strophe angelangt, als endlich alle draussen waren.
Vorzeitig packte das junge Mami den Säugling in den Kinderwagen, welcher dafür zuerst ausgemistet werden musste. Er wurde schwungvoll befreit von Taschen, Mänteln, Taufkerzen, Kinderspielzeug usw. Dies alles geschah, währenddem der Pfarrer unentwegt den Segen sprach, über alle die Alten und Jungen, über diese Gemeinde, die heute den Puls des Lebens unmittelbar nahe miterlebt hatte.
Wir verliessen das Gotteshaus, die Damen erhielten beim Auszug die angekündigte Rose geschenkt, und da … wir trauten unseren Augen nicht: in der Nähe des Apéro-Tisches stand die alte, hagere Frau im Sonnenschein, sie, die soeben noch mehrere Schwächeanfälle knapp überlebte. Sie stand allein, ohne Hilfe, in ihrer Hand ein Gläschen Roten. Aufrecht und stramm hielt sie sich vor der Urnenwand gerade. Sie lächelte etwas bitter. Offenbar hat sie zuvor alle weggeschickt: den Krankenwagen und alle die treuen Diener des Äskulap. Ein Muttertagswunder!
Ich fragte unseren Pfarrer, warum ihn das hektische Geschehen heute denn nicht wirklich aus der Fassung gebracht habe. Er antwortete gelassen, er kenne diese Frau schon länger. Das sei nämlich nicht der erste Schwächeanfall

gewesen, den sie erlitten habe während einer Predigt. Er erschrecke nun nicht mehr so schnell und die Mediziner seien ja alle vor Ort gewesen. Gott sei Dank!

Die betagte Hauptperson lebt. Zur Zeit der Verfassung dieser wahren Begebenheit durchwandert sie sehr vital die Gegend rund um unsere Dörfer.

III KINDERPHILOSOPHEN

Kinderphilosophen

Schauen Sie den Schulkindern ein wenig über die Schultern, es lohnt sich! Kinder sind uns oft einen Flügelschlag voraus in ihrer Art, mit religiösen Fragen umzugehen.

Benjamin, 3.Klasse
Er ist eigentlich ein quirliger Bub – aber tiefsinnig! In der Osterzeit redeten wir über Tod und Auferstehung. Die Kinder wollten viel wissen über dieses schwierige Thema.
Benjamin fuchtelte ganz aufgeregt mit seiner Hand und meldete sich: "Jesus lebt weiter, weil wir ihn im Herzen weiter leben lassen. Das ist so. Jeder Mensch lebt solange weiter, als man ihn im Herzen leben lässt. Das dauert bei Jesus halt schon über 2000 Jahre!"

Selina, 3.Klasse
Sie notiert und zeichnet gerne ganz frei ihre Gedanken in ihr Reli-Heft. So schrieb sie folgendes:
"Wir glauben an Gott. Und Gott glaubt an uns."
Ich wunderte mich über die Reife dieses Gedankens und fragte das Kind, wie es denn zu dieser erstaunlichen Aussage gekommen sei.
Blitzschnell antwortete sie mir: „Das muss so sein, sonst macht das Ganze ja gar keinen Sinn, wenn Gott nicht auch an uns glauben würde!"

Aline, Tochter eines Architekten, 3.Klasse
Im Zusammenhang mit dem Schöpfungsthema beschäftigten sich die Kinder mit der Vielfalt der Blumen und Pflanzen. Aline klebte das Bild einer Orchidee in ihr Heft und erklärte, sie wolle dazu etwas schreiben. Stolz zeigte sie mir ihr Werk: „Der Orchitekt ist meine liebste Blume, weil sie so schön gemacht ist."

Marco, 3.Klasse
Wir besuchten einen Taufgottesdienst und die Kinder haben danach etwas dazu gezeichnet und notiert.
In Marco's Heft lese ich fett und gross: „Gestern war in unserem Dorf leider eine Beerdigung. Heute ist dafür eine Taufung."

Mit Annina bleiben wir bei diesem Thema:
Das Enkelkind meiner Freunde ist noch nicht vier Jahre alt, als es, anlässlich der Taufe eines kleinen Cousins, zum ersten Mal in der katholischen Kirche ist. Die Tauffeier fand kurz nach dem Schweizer Nationalfeiertag statt. Annina hat in diesen Tagen unser Wappen, das Schweizer Kreuz, kennen gelernt. Stolz entdeckt sie es fortan auf Fahnen, Autonummern, T-Shirts und so weiter.
Nun sitzt sie also aufmerksam in der Kirchenbank, neben „Bäppu", ihrem Grossvater. Dieser bemerkt, dass Annina unentwegt und sehr konzentriert den grossen, barocken Kruzifix anstarrt. Der fürsorgliche Grossvater überlegt sich, dass der Anblick des Gekreuzigten der Kleinen vielleicht Angst machen könne.
In die andächtige Stille der Gemeinde hinein ruft Annina aber ganz plötzlich – und sehr laut: "Bäppu! Hesch gseh? Dert chlätteret eine z'Schwyzerchrüüz z'deruuf!"

Lars, 4.Klasse
Ich begegnete Lars auf dem Pausenplatz, wo er mir auf meine Frage, wie es ihm gehe, ernsthaft antwortete: "Zuerst nicht so gut. Ich bin heute traurig aufgewacht."
Weiter erzählte er mir, er habe sogar Tränen gehabt, beim Erwachen. Ihm sei so schwer gewesen ums Herz. Er habe die ganze Zeit nachdenken müssen, wie es denn nach dem Tod weiter gehe mit den Menschen. Was danach mit uns

geschehen werde, ob das schlimm sei, was noch komme im Jenseits? Das habe ihn beschäftigt, wahrscheinlich, weil seine betagte, liebe Nachbarin am Sterben sei.
Plötzlich hellte sich sein Gesicht auf.
„Ich habe aber eine Antwort gefunden für mich. Die tut mir gut. Für mich stimmt sie."
Ob ich diese auch erfahren wolle von ihm? Natürlich wollte ich.
„Das ist ganz einfach: Weisst du, vor unserer Geburt – bevor wir überhaupt zur Welt kamen, da war keine Angst und gar nichts Schlimmes. So ist es doch? Wir wissen nichts von Angst, bevor wir hier ankamen. Und nun, wenn jemand stirbt, geht er wieder genau dort hin, woher wir einmal gekommen sind. Wohin denn sonst? Dort, wo keine Angst ist und nichts Schlimmes. Und darum geht es mir wieder gut. Weil ich darauf gekommen bin."
Ich bin Lars dankbar für seine wunderbare Antwort. Ich habe sie inzwischen schon einigen Menschen weiter gegeben. Lars ist schon jetzt ein kleiner Philosoph und Theologe. Ich erinnere mich, wie er, kaum fünf Jahre alt, in der Sonntagsschule bereits sehr beharrlich und eindringlich nachgefragt hatte, was denn nun ganz am Anfang der Menschheit, ganz zuerst da war: "Das winzige Baby oder der erwachsene Mensch?" Lars, möglicherweise kommst du der richtigen Antwort auf die Spur, irgendeinmal in deinem Leben - so zwischen Adam, Eva und Evolution?

Es ist vielleicht ein Urbedürfnis von uns Menschen, jenem unbekannten, leeren Ort zu begegnen, der in unserer total berechenbaren, messbaren Welt eigentlich gar nicht existieren sollte. Und doch ist genau dort wohl der Ursprung unseres Seins. Religion im „guten Sinn" bietet eine Möglichkeit, uns zu begleiten auf dem Weg zu diesem Ursprung.

Und solches spüren Kinder eben viel direkter, sie sind dem „Alpha und Omega" noch viel näher.
Ich bin glücklich, dass ich Lars und all die anderen philosophischen, lustigen, wunderbaren Kinder kennen lernen durfte.

Der Ohrengrübler im Pfarrhauskeller

Die Fünftklässler stürmten in die Reli- Stunde, die in unserem Dorf jeweils im Pfarrhauskeller stattfindet.

Wie immer hatte ich den Raum zuerst vorbereitet. Im Pfarrhausgarten hatte ich eine Rose stibitzt, die nun mitten auf dem grossen Tisch prangte und sich neben der brennenden Kerze alle Mühe gab, eine freundliche Atmosphäre zu vermitteln.
Die Kinder sassen vor ihren Heften, um einen Text von der Wandtafel abzuschreiben. Sie waren sehr eifrig und gestalteten ihren Eintrag farbenfroh und dekorativ.

Plötzlich entstand eine Unruhe. „Ein Käfer - hallo! Ein Käfer krabbelt aus dieser Blume", rief einer. „Igitt - der ist ja gruusig!"
„Ach, der macht dir doch nichts, du Angsthase!"
„Warte mal, das haben wir gleich!"
Dann wurde nur noch getuschelt und irgendwas gewuschelt.
Ich beschäftigte mich mit anderen Schülern und kümmerte mich nicht weiter um die Kinder, die der Blume und somit dem Käfer am nächsten sassen.

Jemand hatte das Insekt vorsichtig auf ein Blatt Papier gewischt.
Die Kinder fragten mich, ob sie es hinaus tragen dürften?
Natürlich durften sie, es war ja fast rührend, wie umsichtig sie mit dem Käfer umgingen. Ich selber hätte ihn wohl kurzerhand mit dem Finger in den Papierkorb geschnippt...
Dann fiel er vom Blatt auf den Fussboden, und ich nahm wahr, dass es ein zappelnder Ohrengrübler war.

„Achtung, aufpassen, nicht zertreten!", kommandierte der Junge, welcher bei der Rettungsaktion am aktivsten war.
Er kniete sich hin und wischte das Insekt vorsichtig wieder auf die papierne Unterlage.
Der Rest der Klasse hatte sich inzwischen um die „Käfergruppe" versammelt und schaute zu, wie die emsigen Naturfreunde den Ohrengrübler hinaus in den Pfarrhausgarten geleiteten, liebevoll, als wäre er eine Kostbarkeit.
Fast alle standen dabei Spalier.
Eine willkommene Abwechslung im Unterricht - und doch irgendwie herzig, oder etwa nicht?

Ruedi war einer der wenigen, die mit mir im Zimmer blieben.
Er holte mich sofort wieder von „Wolke sieben" herunter: „Dieser Ohrengrübler hat ein Riesenschwein gehabt, dass er während der Reli-Stunde hervor gekrochen kam! Wäre er uns draussen begegnet, oder sonst irgendwo im Schulhaus, hätten wir kurzen Prozess gemacht mit dem!" Dazu machte er eine eindeutige Klatsch-stampf-Bewegung mit Hand und Fuss.
„Was?!", rief ich überrascht. „Stimmt das tatsächlich? Verhaltet Ihr Euch wirklich so scheinheilig hier im Pfarrhauskeller?"
Still für mich dachte ich: „Oh du heilige Zuversicht! Kaum fällt die Tür hinter meinen Schützlingen ins Schloss, wird mein christlich-ethisches Bestreben offensichtlich vom Winde verweht!"
„Ja klar", antwortete mir Ruedi, mit einem charmanten, offenen Grinsen.. „Hier drin sind wir in der Reli. Draussen haben wir es halt wieder vergessen".
Draussen sind sie in der Welt. Draussen weht ein rauer Wind. Die Reli-Stunde bietet eine kleine Oase, wo man

ungeniert „gut" sein darf. Da wird keiner ausgelacht, wenn man einen Ohrengrübler rettet, im Gegenteil, man ist beinahe schon ein Held. Das wirkt besonders ambivalent, weil in unserem Dorf, genau zwischen dem Pfarrhaus und dem Schulhaus, das Not-Schlachthaus steht, wo fast täglich grosse, stattliche Nutztiere zum Töten herbei geschleppt werden. Die Kinder können es vom Pausenplatz aus beobachten. Einige finden das schaurig spannend und schön gruselig; anderen tun die Schlachttiere so leid, dass es sie sehr beschäftigt oder gar belastet.

Aus den Medien konnte man kürzlich erfahren, dass Pferdefleisch in unsere Lebensmittel geschmuggelt wurde. Aufgewühlt und betroffen schilderten einige Kinder das Elend der offenbar tierquälerisch gehaltenen Pferde.

Zur winzigen Kompensation solcher Tierdramen bietet sich die erfolgreiche Rettung eines Ohrengrüblers in der Reli-Stunde an - sie gibt ein echt gutes Gefühl.

Im Buch der Bücher steht natürlich gar nichts von Ohrengrüblern und unserem Umgang mit ihnen. Da sie aber ein Teilchen der Schöpfung sind, die wir bewahren sollten, gehören sie halt einfach dazu. Oder etwa nicht?

Es lebe der Ohrengrübler im Pfarrhauskeller!

Bevor wir auseinandergenommen werden

Zum feierlichen Abschluss ihrer gemeinsamen Primarschulzeit besuchen die Kinder der fünften Klasse unseres Städtchens traditionsgemäss einen Gottesdienst mit Abendmahl. Danach werden sie verschiedene Schulstufen besuchen.
Zur Vorbereitung hatten sich die Kinder mit dem für sie ziemlich ungewohnten Thema im Reli-Unterricht zu befassen. Ihre persönlichen Gedanken dazu haben sie aufgeschrieben.
Zufrieden las ich die Berichte durch. Manchmal schmunzelte ich, weil die Kinder diese sakralen Dinge oft gar drollig formulierten und ihnen dadurch zu einem ganz neuen Sinn verhalfen. Joel zum Beispiel hatte folgendes geschrieben: „Da wir im Sommer auseinandergenommen werden, beschloss unsere Reli-Lehrerin, mit uns vorher noch das letzte Abendmahl einzunehmen."
„Auseinandergenommen werden" hatte er geschrieben; welch hochdramatische Formulierung! Und dazu „letztes Abendmahl."

Mein persönliches kleines Drama aber stand mir am Nachmittag jenes Tages bevor: ein Zahnarztbesuch mit bohren! Bei solch drakonischen Massnahmen verlange ich immer eine Lokalanästhesie. Heldinnen findet man in den Geschichtsbüchern – ich bin keine.
Meine Zahnärztin hatte den Stockzahn sorgfältig „umstochen", und ich hielt mich ziemlich tapfer, finde ich.
Schon sass zu meiner Linken die Assistentin, in der Hand den gurgelnden Speichelsauger, und zu meiner Rechten die Zahnärztin mit dem einsatzbereiten Bohrer. Mit der Zunge betastete ich vorsichtig die Umgebung meines Backenzahns. Ich konnte den Zahn noch fühlen! Ich musste

unbedingt noch etwas Zeit gewinnen!
In solch ungemütlichen Momenten fahren meine Gedanken in meinem Kopf Karussell. „Auseinandergenommen werden" - dieser Ausdruck wirbelte nun plötzlich durch mein Bewusstsein. Ich wurde ihn nicht mehr los, mahnte er mich doch an meine augenblickliche jämmerliche Situation. Im weissen Sabberlätzchen und mit von Watterollen aufgeblähten Wangen meldete ich mich eifrig bei meiner mit dem spitzen Bohrer bewaffneten Zahnärztin: „Ich muff ihnen unbedingt noch etwaf erpfählen, bevor fie beginnen können."
Und dann erzählte ich ihr und der Assistentin, so gut es eben ging mit der Watte, Joels Geschichte vom letzten Abendmahl, bevor man auseinandergenommen werde.
Die Situation war schon grotesk. Knapp vor meinen Augen hüpften dann nämlich sowohl der Bohrer, wie auch der Absauger, lustig auf und ab, weil es beide Damen derart geschüttelt hatte vor Lachen!
Rasch aber wurde mir wieder bange. Ich wollte keinesfalls, dass sich meine immer noch lachende Zahnärztin mit dem bedrohlich wackelnden Rüttelschüttelbohrer allzu übermütig an meinen Backenzahn heran wagen sollte. Ich riss mich zusammen und guckte sehr ernst, soweit man das mit offenem Mund überhaupt tun kann.
Bevor ich selber „auseinandergenommen wurde", konnte ich, dank Joel, jedenfalls noch etwas Zeit gewinnen.
Die Anästhesie hat danach bestens gewirkt.
Und bis zu unserem privaten Abendmahl daheim kann ich wahrscheinlich wieder tüchtig zubeissen.

Gott ist für die Kleinen da

„Meine" Jungs sind gross geworden. Seit der ersten Klasse darf ich sie unterrichten, und nun sind sie bereits fast am Ende ihrer Primarschulzeit angelangt.
Nach der grossen Pause stürmen die Buben polternd ins Schulzimmer. Kaum an ihren Plätzen, werde ich mit ihren neuesten Erkenntnissen konfrontiert:
„Frau Pötischaa! Gott gibt es gar nicht. Er ist ein erfundenes Märchen. Philipp ist schon in der 8.Klasse und er sagt, er glaubt längst nicht mehr an ihn. Gott ist bloss für die Kleinen da, wie der Osterhase. Was sagen Sie dazu?"
Philipp, Fussballer und „Rudelführer", unterhält sich in der Pause manchmal mit den Primarschülern und die sind stolz, dass sich einer der „Grossen" mit ihnen abgibt.
Es entspricht mir sehr, dass die Kinder nicht kritiklos alles „Fromme" schlucken, sondern Fragen stellen, auch provozierende.
Schön und gut - aber was sagt die „Frau Pötischaa" nun dazu?

Kürzlich hatte ich in der Zeitung einen Artikel gelesen, und den wollte ich bei Gelegenheit meiner Fünftklässler-Bubengruppe einmal vortragen. Und jetzt ist die Gelegenheit gekommen, aber den Artikel habe ich nicht dabei.
Die Kinder schauen mich herausfordernd an und zuletzt wird es sogar endlich ruhig.
„Also, das ist ganz normal, dass man in gewissen Phasen seines Lebens an Gottes Existenz zweifelt", versuche ich's. „Mir selber ging das natürlich auch so – wenngleich ich ziemlich viel älter war als ihr jetzt, als ich darüber ins „Grübeln" geriet.
Aber, kürzlich las ich einen Artikel über einen Herzchirurgen

vom Inselspital Bern. Dieser Professor Carell hatte vor einigen Monaten auch Cyrill, das kleine Kind meiner Freunde, am offenen Herzen operieren müssen. In diesem Bericht war zu lesen, dass sich dieser Arzt niemals an eine derart gefährliche Operation wagen würde, wenn er die grosse, riesige Verantwortung für das Leben eines Menschen allein tragen müsste, wenn er sie nicht Gott anvertrauen könnte. Seine Hand mit dem Skalpell würde zittern, wenn er ohne das Wissen um die göttliche Kraft an seiner Seite schneiden müsste, so etwa schrieb er. Er bittet vor seiner Arbeit um den Segen für die Patienten, für das Team, das mit ihm arbeitet, und er segnet vor dem Eingriff den Operationssaal. Er ist ein berühmter Herzchirurg, der in Demut und respektvoll eine grössere, göttliche Macht akzeptiert, weil sie ihm bei seiner Arbeit, so nah an der Grenze zwischen Leben und Sterben, täglich neu begegnet."
Die Jungs sind sehr still und aufmerksam geworden.
„Es steht euch frei zu entscheiden, wen ihr euch zum Vorbild nehmen möchtet; sei es der junge, selber noch unerfahrene Philipp oder doch vielleicht Menschen wie dieser Herzchirurg, mit seiner grossen Lebenserfahrung.
Für Fussballfragen ist wahrscheinlich Philipp zuständig. Für Glaubensfragen empfehle ich euch differenzierte Ansprechpartner und Vorbilder. Lasst euch Zeit, überlegt gut und lasst euer Herz reden, so findet ihr vielleicht, irgendwann, eine Antwort, die euch entsprechen wird.
Wahrscheinlich benötigt ihr dazu aber fast ein ganzes Leben." Ungefähr so probierte ich, auf die Buben einzugehen.
Einige der Kinder wollten noch wissen, wie es dem Kleinen meiner Freunde ergangen ist, nach dieser schwierigen Herzoperation bei Professor Carell.
„Die Operation ist gut gelungen, Cyrill ist gesund und munter, Gott sei Dank!"

Gott ist für die Kleinen da…
Klein fühlen wir uns alle ab und zu.
Als in unserer Familie etwas Schlimmes passierte, da fühlten wir uns auf einmal auch hilflos und klein. Wir erlebten unseren ganz persönlichen „Karfreitag". Viele Menschen aus unserem Dorf und aus dem Freundeskreis haben dann sogar für uns gebetet. „Meine" Schulkinder zeichneten schöne Bilder, schrieben aufbauende Briefe, bastelten und nahmen auf vielerlei Art Anteil. Leute schrieben uns ihre guten Wünsche, erwähnten Kerzen, die sie für uns anzündeten, schenkten Blumen, kraftvolle Gedanken. Viele haben ganz konkret geholfen, indem sie uns eingeladen, Wäsche gebügelt oder Kuchen gebacken haben. Per Internet erhielten wir Botschaften von Freunden aus aller Welt, die uns positive Gedanken zukommen liessen.
Dankbar haben wir spüren dürfen, dass liebevolle Zuwendung tatsächlich hilft, die Situation auszuhalten, zu vertrauen, das Licht am Ende des Tunnels wahr zu nehmen. Dadurch fühlte ich mich getragen, von Tag zu Tag.

Ein Arzt aus unserem Freundeskreis hat mir versichert, dass er persönlich mehrfach beobachtete, wie Patienten besser genesen, wo Menschen für sie beten.
Mögen alle, die sich in dunklen Zeiten hilflos und klein fühlen, das Licht der Freundschaft und der tragenden Liebe erfahren. Daran wachsen wir.
Gott ist für die Kleinen da… und genau so für die Grossen, wenn immer die ihn wollen.

Ewig ist ein schweres Wort

„…In Ewigkeit, Amen".
So endet das Unser Vater Gebet.
Zumindest findet das Gebet ein Ende.
Aber die Ewigkeit bleibt. Für immer und ewig.

Die Kinder der vierten Klasse sollten dieses Gebet lernen. Plötzlich rief eines, wie lange ewig denn dauert? Ob das denn niemals aufhöre?
Diese Frage erinnerte mich an meine eigene Kindheit, hatte ich doch damals meine liebe Mühe mit der Vorstellung der Ewigkeit. Und nun sollte ich den Viertklässlern darüber Auskunft geben. Na ja, schliesslich hatte ich, seit ich selber Kind war, mehr als ein halbes Jahrhundert lang Zeit gehabt, um darüber nachzudenken. Eine halbe Ewigkeit also… Übrigens, wie lange dauert eine halbe Ewigkeit wirklich?
Ich war etwa elf Jahre alt, als ich sehr viel nachdenken musste über das Wort „ewig". Mir wurde bange bei der Vorstellung, dass etwas nie, niemals mehr aufhören würde. Ich war ein grüblerisches Kind und betrachtete das „ewige Dasein" nicht unbedingt als erstrebenswert. Es erschien mir eher bedrohlich. Ich wollte jedenfalls herausfinden, wie man ein „Leben in Ewigkeit" gestalten könne, fühlte mich jedoch ziemlich allein auf der Suche nach einer Antwort. Ich hoffte damals, meine katholische Schulkollegin sei fromm genug, um über solche Dinge Bescheid zu wissen. Schliesslich gab es bei ihnen Weihwasser neben dem Hauseingang, und ich nahm an, das zeuge von religiös-geheimnisvoller Erkenntnis. Sie jedoch schaute mich mit grossen Augen an und sagte, ewig sei gut. Das nehme die Angst. Und das genüge. Ihre Grossmutter lebe nun ewig, und zwar im Himmel.
Ob sie nun ewig schwach und tatterig bleibe, im Himmel,

wollte ich noch wissen. „Das ist ein Geheimnis Gottes", sprach sie. Oder etwas Ähnliches.
Ich aber sah diese Grossmutter vor mir, alt und verbraucht, in Ewigkeit existierend... und ich dachte, das müsse ganz furchtbar langweilig werden, mit der Zeit - die es dort ja gar nicht gibt. Sonst wäre es ja nicht ewig.
Damals war ich sicher noch sehr unwissend.
Und heute...?

Heute stehe ich vor einer Klasse, die sich mit dem unendlichen Mysterium der Ewigkeit auseinandersetzen will.
„Eigentlich hört ewig nie auf, weil es keinen Zeitbegriff darstellt", versuchte ich es, und ich kam mir dabei recht hilflos vor.
Weil gerade Osterzeit war, kam ich auf das ewige Leben zu sprechen, dass uns durch die Auferstehung Christi verheissen ist.
„Ja genau!", meldete sich Manuel. „Mein Opa ist nun ewig am Leben, weil er gestorben ist."
„Hahaha, kann er ja gar nicht, wenn er schon nicht mehr lebt. Tot ist tot!" rief Angelo dazwischen.
Ich probierte es nochmals mit der „Zeitlosigkeit in der Ewigkeit". Ein Ort, wo keine Zeit existiert für die Seele; der Körper ist ja vergänglich, wie ein altes, verbrauchtes Kleid wird er von der Seele zurückgelassen. Die Ewigkeit aber übersteigt unser menschliches Vorstellungsvermögen.
Die kritische, kluge Anna meinte dazu, dass es absolut keinen Sinn mache, wenn man ewig lebe und es „dort" keine Zeit mehr geben würde. So merke man ja gar nicht, dass man in der Ewigkeit sei. Das sei ja dann, als ob man schlafe. Ob man ewig schlafen müsse?
Ein nie endendes Thema...
Wir lassen ungern etwas los, schon gar nicht unser Leben,

obwohl diese irdische Endlichkeit unabwendbar ist. Da mag die Vorstellung, dass danach etwas zeitlos Ewiges mit uns geschehe, unendlich tröstlich sein.
Es bleibt ein Mysterium. Das Mysterium der unendlichen Liebe.

Nun erhebt die kleine Sofia ihre Hand: „Das alles ist dänk ganz einfach. Die Ewigkeit ist gut. Einfach darum, weil da keiner mehr stirbt."
Logisch, oder? Warum sich den Kopf zerbrechen über die Unendlichkeit der Ewigkeit? Sie ist relativ, weil „aus der Zeit heraus gefallen" - und im Augenblick verborgen. Wo versucht wird, sie durch logische Erklärungen zu entmystifizieren, verliert sie ihren einzigartigen Wert.

IV ES WAR EINMAL

Wie ein paar Zentimeter Heftpflaster meine Unschuld bewahrten...

Ich war kaum neunzehn Jahre alt, als ich nach der theoretischen Ausbildung bei einem viel beschäftigten Landarzt mein Praktikum als Arzthelferin absolvierte.
Ich wohnte in der Villa der Arztfamilie, in einem stattlichen Aargauer Dorf.
Die Gattin des Arztes, die „Frau Doktor", hatte mir die gültigen Regeln einer anständigen Praxishilfe erklärt. Ich durfte, auch in meiner Freizeit, keine allzu kurzen Röcke tragen, musste immer anständig gekleidet sein, wenn ich mich im Dorf zeigte, keinesfalls in Shorts rumlaufen, nicht zu stark geschminkt sein, freundlich sein zu den Leuten, usw.
Natürlich sollte ich nicht mit Jungs rumhängen. Auf keinen Fall durfte man mich beim Schmusen oder ähnlich unsittlichem Benehmen erwischen.
Darum trug ich, der Minimode zum Trotz, anständige Junten, robuste Schuhe, und den Jungs wich ich aus. Vorerst jedenfalls.
Am Wochenende reiste ich meist heim ins Baselbiet. Und siehe da, an einem Fest verknallte sich ein flotter Seminarist in mich. Er machte einen ordentlichen Eindruck auf meine Eltern. Also schrieben wir uns Briefe und trafen uns ab und zu. Ich war ja so was von vorsichtig und zurückhaltend.
„Du sollst dich nicht dem Erstbesten an den Hals werfen, du sollst dein „Kostbarstes" - was immer das war - für deinen zukünftigen Ehemann aufbewahren, du sollst auf jeden Fall auf dich aufpassen!" Das hat man mir von früher Jugend an sorgsam gepredigt. Ich glaubte damals noch daran. Zudem war ich gar nicht wirklich in meinen Verehrer verliebt.
In meinem Praktikum erlebte ich immer wieder Mädchen und Frauen, die ungewollt schwanger wurden. Mein

rustikaler Chef, ein Hausarzt alter Schule, gab den unglücklichen Frauen den derben Rat, beim nächsten Mal besser aufzupassen, und dann ja nicht wieder „handgelismete Pariser" zu verwenden... Entschuldigung, aber so war das!
Ich hatte in dieser Landpraxis sowieso viel Sonderbares erlebt und erfahren, von dem ich bis dahin höchstens in Romanen gelesen hatte.
Von Aids wusste man Ende der Sechziger Jahre noch nichts, aber Patienten mit Tripper oder sogar Gonorrhöe kamen ziemlich häufig in die Sprechstunde. Mein Landarzt, der aus der naiven Praktikantin eine abgebrühte Arzthelferin machen wollte, kannte auch dazu einen anschaulichen Spruch aus seiner Studentenzeit: „Der Gonokokkus sitzt und lauscht, wie der Urin vorüber rauscht..."
Also, ich war rundum vorgewarnt, sowohl vom Elternhaus wie von der Frau Doktor oder, etwas direkter, von meinem Chef.
Mein Verehrer kam nicht zum ersehnten Ziel, das er sich, wie sich noch zeigen wird, gesetzt hatte. Ich verabschiedete mich jeweils rasch vor unserer Haustür und verschwand - unberührt.
Einmal geschah es, dass ich übers Wochenende an meinem Arbeitsort bleiben musste. Der angehende Junglehrer schrieb mir, dass er mich am Sonntag dort besuchen wolle. Er werde mich beim Doktorhaus abholen.
Wir hatten am Vormittag noch Notfalldienst und deshalb blieb mir wenig Zeit, mich hübsch zu machen. Zudem rutschten mir die Trägerchen des neuen BH's ständig über die Schultern, und das ist ja wirklich sehr störend! Kurzerhand holte ich eine Rolle hautfarbenes Heftpflaster aus dem Behandlungsraum. Mit der Verbandschere schnitt ich einige Streifen davon ab und klebte damit die blöden Träger des Büstenhalters hinten und vorne kreuz und quer an meiner

Haut fest. Derart fixiert sollten sie nun halten, und ich konnte sie vergessen.

Der Lehrer „mit dem ordentlichen Eindruck" hatte artig einen Spaziergang mit mir gemacht. Später lud er mich ein, im Gasthaus in sein Zimmer zu kommen, da könne man gemütlich zusammen in der Wärme sitzen. In sein Zimmer! Er hatte ein Zimmer reserviert! Der gute Kerl wollte bis Montag im Dorf bleiben, damit wir abends noch lange zusammen plaudern könnten. Ich war ja wirklich noch „hinter dem Mond daheim"!

In der Hoffnung, kein Mensch habe beobachtet, wie ich in Männerbegleitung ins Dorfgasthaus schlich, stiegen wir die hölzerne, knarrende Treppe hoch und betraten ein muffiges Zimmerchen.

Es kam, wie es kommen musste... der Lehrer lehrte mich, wie man einen langweiligen Sonntagnachmittag kurzweilig gestalten konnte.

Nach einiger Zeit begann ich mir einzubilden, ich sei möglicherweise doch ein wenig in ihn verliebt. Seine Finger knöpften flink meine Bluse auf und nestelten einfrig an meinem BH-Verschluss herum.

Ich selber hatte, in diesem romantischen Augenblick, überhaupt nicht mehr an die Notfallhalterung mit den reizlosen Heftpflastern gedacht!

Da hielten seine Finger inne. Es wurde einen Moment lang ganz still. Alsbald geschah es, dass der Junglehrer in ein wieherndes Gelächter ausbrach und mich abrupt an die praktische, aber äusserst sexlose Befestigung meines Büstenhalters erinnerte.

Oh Himmel! Oberpeinlich!

Heiss und wahrscheinlich knallrot im Gesicht raffte ich meine Bluse zusammen, sprang auf die Füsse und behauptete etwas atemlos: „Das ist pure Absicht und ich habe das

extra gemacht, damit du mich nicht abknutschen kannst! Jawohl!"
Noch beim Hinunterpoltern vernahm ich sein irres Lachen: „Etwas derart Frivoles habe ich wirklich noch nie-, niemals erlebt! Gröööhl!" Ich konnte ihn hören bis ich aus der Türe trat, wo mich der Aargauer Nebel keusch umhüllte. Schleunigst schlug ich den Weg Richtung Doktorhaus ein.
So kam es, dass ein paar hautfarbene Heftpflaster meine Unschuld bewahrten.
Liebe Mädchen, lasst euch von einer älteren, erfahrenen Frau raten: „Tragt immer einige Streifen Pflästerchen bei euch, in euren Handtäschchen. Man weiss ja nie, ob sie nicht einmal sehr nützlich werden könnten..."

Attassion Sirüple!!

Ab und zu spaziere ich durch die Landschaft meiner Kinderjahre.
Wir wohnten damals recht abgelegen im geräumigen Haus meiner Grosseltern, ausserhalb des Dorfes, an einem Waldrand. Heute ist es Teil eines grossen Quartiers geworden, inmitten von stattlichen Einfamilienhäusern aus den achtziger Jahren, umgeben von grosszügig angelegten Gärten. Wo die Matten steil abfielen, sind es nun Terrassenhäuser, welche die beliebten Schlittelhänge aus meiner Jugendzeit in dichter Bauweise überdecken. Beinahe erkenne ich diese gänzlich veränderte Umgebung meines Geburtshauses nicht mehr.
Von früher Kindheit an war ich es gewohnt, abends mit einem gefüllten Milchkesseli allein durch die Wiesen und Hügel zu unserem Haus zurück zu kehren, auch in den Wintermonaten, bei völliger Dunkelheit. Ich fürchtete mich nie, obwohl auf der letzten Wegstrecke nicht einmal eine Strassenlaterne etwas Licht verströmte. Vielleicht strahlte mein Zuhause eine wohlige Geborgenheit aus. Ich liebte es, und liebe es bis heute, in kalten Nächten die heimelig beleuchteten Stubenfenster zu betrachten, die ihre hellen Schimmer in die Finsternis hinaus senden, Wärme und Wohligkeit versprechend.
Es ist ein gutes Gefühl, daheim anzukommen, besonders in dunkler, kalter Zeit.
Gerne erinnere ich mich an schneereiche Winter, an die idealen Schlittelhänge rings um unser Zuhause, an Schneemänner und Iglus, die wir Kinder bauten, an glasklare Eiszapfen, die wir, der Warnung unserer Mütter zum Trotz, stets gerne lutschten.
Zu den Wintern meiner Kindheit gehörten aber auch klamme

Finger und Zehen, die am heissen Holzofen unter argen Schmerzen auftauten; „Hornigle" nannten wir das. In solch qualvollen Momenten hasste ich die frostige Jahreszeit.

Bereits im Kindergartenalter zog ich mit meinem Schlitten los, gut bestrumpft und in steifen, wollenen Pluderhosen steckend, von oben bis unten eingestrickt. Ich sollte gleich neben dem Haus bleiben, wo mich meine Mutter vom Küchenfenster aus sehen konnte. Aber unser flach auslaufender, kurzer Hang wurde mir bald zu langweilig. Er war nicht so gut „angebahnt" und darum gelang mir eine Schussfahrt nie, besonders nicht bei Neuschnee. Ich wollte lieber dort schlitteln, wo sich auch alle „Grossen" tummelten. Ich entfernte mich vom Haus und stapfte wagemutig davon, den „richtigen" Pisten entgegen. Von allen Seiten sausten die Kinder die Hänge hinunter, welche sich trichterförmig und recht steil in ein enges, schattiges Tobel absenkten. Man musste sehr aufpassen, dass man einander nicht anrempelte oder gar zusammen stiess, dort unten, wo alle Hänge zusammen trafen.

An der tiefsten Stelle befand sich ein kleiner Tümpel, ungefährlich, weil zugefroren, da ja schliesslich Winter war, erklärte man mir. Ältere Dorfkinder hatten mir Schauergeschichten erzählt von den grausigen Blutegeln, die unter der Eisdecke auf den Frühling warteten, um sich ausgehungert an nackten Beinen festzusaugen, sollte jemand auf die Idee kommen, dort ein Bad nehmen zu wollen. In der warmen Jahreszeit würde ich mich hüten, je da hinunter zu steigen, das schwor ich mir!

Ich erinnere mich, wie ich dem munteren Treiben zuerst etwas unsicher zuschaute, bevor auch ich mich den kraterförmigen Abhang hinunter getraute. Die grossen Kinder legten sich bäuchlings auf ihre „Davoser" und klinkten

manchmal sogar am hinteren Schlitten ein mit den Füssen. So bildeten sie Züglein, die oft aus drei oder mehr Schlitten bestanden. Man stelle sich das einmal vor: kein Helm, keine Schienbein- oder Ellbogenschoner schützten diese kleinen Wilden!
Sie riefen sich immer etwas zu, bevor sie los sausten: „Attassion Siruple!!", so ertönte ihr Warnruf laut und deutlich. Ich hockte auf meinem „Davoser" und überlegte, was ein Sirüple wohl mit den steilen Schlitten-Schussfahrten zu tun haben könnte. Ich liebte Himbeersirup, den ich aber nur im Sommer zu trinken bekam.
Übermütig schrie auch ich bald den magischen Satz in die Runde:
„Attassion Sirüple!"
Ein Gejohle und Gelächter brandete los. Ich wusste gar nicht, warum mich alle Schulkinder anstarrten und losbrüllten vor Lachen, wieso sie meinen Ruf nachäfften.
„Attassion Sirüple!", so tönte es nun von allen Seiten! Ich machte, dass ich weg kam und sauste halsbrecherisch schnell den „Hümpelihubel" hinunter - holpertipolter - und landete am tiefsten Punkt: genau auf dem Tümpel! Die dünne Eisdecke knackte und krachte und bevor es mir gelang, mich vom Schlitten zu erheben und wegzulaufen, kauerte ich bis zu den Hüften im eisigkalten Wasser. Die Blutegel kamen bestimmt schon angekrochen ... mir wurde himmelangst!
Der kleine Tümpel war zum Glück nicht tief, und mit Hilfe einiger Kinder wurden Schlitten und triefendes, in pflotschnasser Wolle steckendes Ruthli bald wieder auf die knirschende Schneedecke gezogen. „Da hast du dein Sirüple!", krähte ein Bub und wieder lachten alle, die das frierende Schlotterkind umstanden.
Es war schattig, da unten im Trichtertobel, und wirklich bitterkalt. Ich stolperte mühsam durch den eisigen Schnee

steil bergan. Der Davoser Schlitten liess sich schwer ziehen. Mit meinen klammen Fingern in den triefenden, kalten Fausthandschuhen konnte ich kaum die Schnur halten. All meine nassen Sachen hingen gewichtig an mir. In meinen schmatzenden Schuhen und schwappenden, langsam steif werdenden Kleidern trottete ich schlussendlich dem mir erlaubten, harmlosen Schlittelweglein entlang nach Hause. Zu all dem Jammer befürchtete ich, dass meine Mutter wütend sein würde. Ich schlotterte – aber das Allerschlimmste waren die juckenden, scheuernden wollenen Strümpfe, die schwer am „Gschtältli" hingen! Haben Sie sich schon einmal handgestrickte, kratzwollene und erst noch nasse, eisigkalte Strümpfe an Ihren Beinen vorgestellt? Es ist grauenvoll! Es ist ein Gefühl, als stecke man in kupfernen Scheuerlappen.

Ich erklomm die hölzerne Treppe zu unserer Wohnung, gelangte in die Küche und stand bald heulend in einer Pfütze, als ein triefendes Häufchen Elend. Ich habe vergessen, wie meine Mutter reagiert hatte – ich weiss aber noch, dass ich immer schrie, ich würde bereits die Blutegel an meinen Beinen spüren! Es juckte und kratzte dermassen – ich glaubte, ich sei bereits ganz blutig gebissen.

Zur Strafe steckte mich Mutter mitten am Nachmittag ins Bett. Ha! Von wegen Strafe! Es war himmlisch! Ich fühlte mich wohlig warm, befreit von all den nassen Sachen. Weg waren die Kratzstrümpfe, kein einziger Blutegel zeigte sich auf meiner Haut – ich wurde zuerst warm gebadet, in ein Nachthemdchen gesteckt, in weiche Leintücher und dicke Daunendecken gehüllt. Zu Füssen legte man mir eine runde, metallene Wärmeflasche, die in einem gestrickten Überzug steckte – einem aus sanfter Babywolle.

Abends hat mich unser fürsorglicher Vater mit Vick's Salbe gut eingerieben. Mutter zog mir meinen kuscheligen Seelenwärmer über. Ich habe heisse Milch mit Honig trinken dürfen und ich erhielt den zuckersüssen Hustensirup, den ich so gerne mochte.

Und irgend einmal, spätestens als ich selber Franzi büffeln sollte in der Schule, hatte auch ich begriffen, dass er „Attention s'il vous plaît" lauten müsste, jener Warnruf vor der Abfahrt. Mit „Sirüple" hat schlitteln in der Regel gar nichts zu tun, ausser vielleicht mit Hustensirüple, nach einem überstandenen Einbruch in einen Eisweiher.

Kriegswolle
Eine unendlich lange Wolle-Geschichte

An Wintersonntagen mussten wir stets frisch gewaschene Strümpfe anziehen. Ja, Strümpfe! Nicht etwa Strumpfhosen oder Kniestrümpfe oder Söckchen. Es waren wollene, handgestrickte Strümpfe in braunbeige oder manchmal hellgrau. Die älteren Modelle hatten Knöpfe, welche man an den Gummibändern des „Gschtältli" befestigen konnte. Die etwas modernere, aber nicht minder schreckliche Variante brauchte keine Knöpfe mehr, weil nun die Gummibänder, ähnlich wie Hosenträger, mit Metallklammern versehen waren. Diese waren dann eklig kalt auf der Oberschenkelhaut. Und dann gab es noch Befestigungen mit kreisrunden Nippeln aus rosarotem Hartgummi, welche man zusammen mit dem Strumpfrand durch metallene Laschen ziehen musste.
So ein Gschtältli sah erbärmlich aus. Es war eine Art Baumwollhemdchen, an dem beidseitig zwei breite Gummibänder baumelten, die mit Knopflöchern oder eben mit Metallklammern ausgestattet waren. Gummibänder konnten sich mit dem wachsenden Kind dehnen, so dass das Opfer die Strümpfe gegen Ende Winter möglicherweise bis gegen die Kniekehlen verzogen tragen musste. Es gibt ja noch Zeitzeugen in Form alter Fotos, auf denen bedauernswerte Mädchen und Buben zu sehen sind, welche nackte Haut zeigen zwischen wollenen kurzen Hosen oder Junten und Röcken und dem juckenden Strumpfende.
Über die Gschtältli durfte man dann lindernde baumwollene Unterhosen ziehen, und darüber noch ein zweites Paar handgestrickte wollene Hosen. Von einigen Kindern wusste ich, dass sie die schafwollenen Strickhosen sogar direkt auf der Haut tragen mussten. Eine Vorstellung, die erschauern lässt!

Mir haben die Grossmütter zu Weihnachten manchmal noch wärmende wollene Unterröcke gestrickt. Die wurden dann zumindest aus weicher Babywolle gefertigt, nicht aber die Strümpfe!
Diese Strümpfe gehören bis heute zu meinen betrüblichsten Kindheitserinnerungen! Noch Jahre danach konnte ich keine bestrumpften Beine ansehen, ohne dass mich wieder ein unangenehmes Kratzen mit Schweissausbruch befiel. An meiner Konfirmation zum Beispiel gehörte es sich, dass wir im ordentlich damenhaften Kostüm erschienen. Dazu passten feine Nylonstrümpfe. Das Gschtältli hatte längst einem reizenden Hüftgürtelchen Platz gemacht, die Gummibänder mit ihrer kalten Befestigung aber sind geblieben. Sofort beim Einstieg in die Strümpfe holte mich mein Ekelgefühl von damals ein, begleitet von all den leidigen Symptomen. Die zartesten Nylons lösten einen Kratz- und Juckreiz aus. Deswegen trug ich, sobald sie salonfähig wurden, fast immer lange Hosen. Es war mir völlig egal, dass man mir in jener längst verblühten Zeit beteuerte, ich hätte formvollendete Beine wie die Lilly Marleen. Solche Vergleiche konnte man meinetwegen im Sommer anstellen.
Zurück zu den Wollstrümpfen: An den Samstagabenden wurden wir Kinder der Reihe nach in einen Zinkzuber gesteckt und mit Palmoliveseife tüchtig geschrubbt. Die Haare hat man uns mit Apfelblütenshampoo gewaschen und mit einem Schuss Essig im Spülwasser hat man sie zum Glänzen gebracht. Diese Ingredienzien erinnerten mich stets ein wenig an Salatsauce. Unter heulendem Getöse des Tornado-Staubsaugers wurden wir, in dessen warmer Abluft, trocken geföhnt. Frisch und sauber in gemütliche Flanellnachthemden gehüllt, lagen wir bald zwischen molligen Barchentleintüchern in den Betten.
Da war die Welt noch weich und warm und wohlig. Dieses

Geborgenheitsgefühl liess uns den unweigerlich nahenden Sonntagmorgen erst einmal vergessen. Der aber kam immer, und die Wohligkeit wich kratzender Wolligkeit.
Unsere Mutter hatte jedem Kind die frischen Sonntagskleider bereit gelegt. Ich sehe alles noch genau vor mir: den roten, karierten Schottenrock aus Wollstoff von der Tuch AG, den weiss und bunt gesprenkelten, handgestrickten Zopfmusterpullover, ein langärmeliges Baumwollunterleibchen, um den Pullover ertragen zu können - und die steifen, frisch gewaschenen Wollstrümpfe beim Gschtältli!
Man bedenke: Im Frost hingen die in Seifenflockenlauge gewaschenen Strümpfe jeweils gefroren, als Eisröhren baumelnd, an der Wäscheleine, und dort versuchten sie an der fahlen Wintersonne zu trocknen. Horror!
Alle Erinnerungen an Frühstück mit Honigzopf, an die erfreuliche Anwesenheit des Vaters, an die Sonntagsschule, an den ganzen schönen Sonntag sind einfach überschattet von den Rückblenden über die Prozedur des Einstiegs in die kratzende Wollware. Meine kleinere Schwester schien damit keine Probleme zu haben. Sie wurde mir immer als gutes, nachahmenswertes Beispiel empfohlen. „Sieh mal, sie ist so viel jünger als du und macht kein solches Theater!" Sie musste auch keine Strümpfe mehr hinnehmen, ich glaube, sie wuchs bereits in Strumpfhosen auf, solche aus veredelter Wolle, nicht aus Kriegswolle.
Kriegswolle, jawoll!
Wenn nämlich die Strümpfe sogar meiner Mutter vorgekommen sind, als wären sie mit Stahlwatte durchmischt, erhielt ich hie und da die Erklärung, da sei eben noch Kriegswolle verarbeitet worden. Ein schreckliches Wort! Mit Wolle stand ich auf Kriegsfuss – wie sehr erst mit Kriegswolle!
Ich bin einige Jahre nach dem zweiten Weltkrieg geboren worden, aber ich hatte eine etwas ältere Verwandte, welche

„im Krieg" zur Welt kam. Auch sie war scheinbar nicht kratzempfindlich, trug sie doch die Kriegswolle lange vor mir, ohne erkennbare seelische Folgeschäden. Dank meiner langen Beine musste ich das Strickzeug unmittelbar von ihr übernehmen, bevor weicheres Material bei uns Einzug hielt. Man erklärte mir, während dieser kargen Zeit sei eben nur Wolle minderer Qualität erhältlich gewesen. Man habe aus diesem hanfschnurähnlichen, ruppigen Material vor allem Socken gestrickt für die Grenzsoldaten. Eine Information, welche mein Mitgefühl für diese wackeren Männer weckte.

Der Schilderung des eigentlichen Dramas bin ich bis jetzt ausgewichen.

In unserem Kinderzimmer wurde damals nicht geheizt, darum zogen wir uns in der warmen Stube an. Meine Schwester war immer rasch damit fertig. Ich jedoch knetete und walkte und zog an meinen Strümpfen herum, um sie irgendwie weicher zu machen. Es war mein Vater, welcher, so vermute ich, ähnliche Probleme hatte mit den Kratzstrickwaren, denn er gab mir mitfühlend den Rat, die eiskalten Dinger am Ofen etwas vorzuwärmen. Sie würden dann vielleicht erträglicher.

So wärmte ich und probierte einzusteigen – riss sie wieder weg und wärmte wieder und begann wieder von vorne, sie immer rauf- und runterrollend, laut klagend und jammernd. Diese Szene des Dramas geschah zappelnd auf der Eckbank, gleich neben dem Holzofen. Meine Mutter erinnerte sich bis an ihr Ende daran, dass ich auf dieser Bank, einem Veitstanz gleich, jeweils an die zwanzigmal hektisch hüpfend und kratzend hin und her gerannt sei, ständig in Gefahr, abzustürzen!

So kam ich meistens um das sonntägliche Frühstück herum.

Bereits im Mäntelchen und im weissen, weichen Angoramützchen vor mir stehend, wurde ich jeweils von der vorbildlichen kleinen Schwester zur Eile gemahnt, weil wir zur Sonntagsschule gehen sollten. Ich litt wirklich! Ich wurde schweissnass und klebrig, meine Beine bekamen Hühnerhaut und rote Flecken und das Einsteigen in die Strümpfe wurde immer qualvoller. Meine Eltern schauten dem winterlichen sonntäglichen Schauspiel, wie sie es nannten, mehr oder weniger hilflos zu. Sie erkannten nicht wirklich, dass mein Drama echt war. Damals trugen ja alle Kinder warme, handgestrickte Sachen und es waren wenige, welche damit nicht zurecht kamen. Ich sei eine „Theaterlise", so sagten sie, womit sie sicher auch nicht ganz unrecht hatten. Ich wünschte mich in ein Land, in dem immer Sommer ist, in ein strumpfloses Paradies.
Schlussendlich kam ich zwangsläufig immer irgendwie in die Strümpfe hinein. Mir war aber einfach nie wohl in meiner Haut. Zu all dem Elend klebte oben, wo sich die Gummibänder mit den Noppen befanden und wo die Beine nackt waren, die stressfeuchte Haut zusammen. Ein jämmerliches Gefühl!
Waren die Strümpfe dann erst einmal eingetragen, wurden sie etwas erträglicher. Die folgenden Wochentage verliefen jedenfalls weniger dramatisch.
Dieses übersensible Kind riss sich später, als es älter wurde, die Strümpfe in der Schule jeweils herunter.
Heimlich schmuggelte ich nämlich Kniesocken in die Schultasche. Diese waren zwar auch aus Wolle gestrickt, aber zumindest nicht aus Kriegswolle! Und sie brauchten keine Aufhängevorrichtung!
Eine ältere Freundin, welche genau so unter den kratzenden Strümpfen litt wie ich, erzählte mir kürzlich, dass sie die Dinger jeweils zu Weihnachten geschenkt erhalten habe,

und dass sie sich für dieses quälende „Strumpfdoppel" sogar zu bedanken hatte. Das fand ich dann wirklich die Schlimmste aller Demutsübungen!
Irgendwann, viel später, kamen dann dunkelblaue Helanca-Strumpfhosen auf den Markt. Dem Erfinder sei Dank!
Ich achtete später, bei meinem eigenen Kind, sehr bewusst auf weiche Kleidung. Inzwischen ist aber auch alles viel sanfter geworden! Nebst flauschigen Plüschkleidchen und Frottee-Strampelanzügen wurde Weichspüler eingeführt. Aus Kriegswolle wurde Schmusewolle! Die Jammer-Gschtältli sind total verschwunden, und die Strapse können mir gestohlen bleiben. Wie befreiend!
Die Welt ist wahrhaftig ziemlich viel zarter, weicher und erträglicher geworden. Jedenfalls was die Strümpfe anbelangt.

PS: Falls Sie diese Geschichte bis zum Schluss gelesen haben, gratuliere ich Ihnen! Dann sind Sie wahrscheinlich selber Opfer kratzender Wollwaren... oder Sie sind ein sehr mitfühlender Mensch.

Mein Lehrer Probst
Episoden rund um meine Schulzeit, bei meinem geschätzten Lehrer Emil Probst.

Dank meinem Lehrer Probst bin ich weit gekommen... hoch hinauf jedenfalls!
Nur dank ihm kam ich nämlich in den Genuss einer Reise zum höchst gelegenen Bahnhof Europas, auf das Jungfraujoch.
Nun lebt mein Primarschullehrer nicht mehr. Und alles, was ich über ihn erzählen werde, ist eigentlich Geschichte „post mortem".
Er zählte über sechsundneunzig Lebensjahre, und er durfte bis zu seinem Tod geistig rege und aktiv bleiben.
Er ist Geschichte geworden - und hat selber unzählige Geschichten erlebt, erforscht und aufgeschrieben.
Ab wann wird man eigentlich Geschichte?
Sind wir, Sie und ich, bereits Geschichte, zumindest teilweise, quasi Schicht um Schicht?
Einiges was meine Generation erfahren, oder im Alltag benutzt hat, ist inzwischen wirklich längst historisch.
Besitzen Sie etwa noch „Schruubedampferli"? Oder Stoffwindeln für ihre Enkelchen?
Wie steht es um Waschzuber aus Zink, Analogtelefone mit Wählscheiben, Schiefertafeln mit Griffeln, Tintenfässern usw.?

Es war nicht etwa eine Schulreise, die mich damals, als Viertklässlerin, in die Jungfrau-Höhen gelangen liess. Diese Reise war trotzdem wirklich nur dank meinem Lehrer Probst möglich geworden:
„Ruthli, Du kannst gut zeichnen! Mach doch am Wettbewerb dieser Versicherungsgesellschaft mit. Du musst

einfach dich selber, in Deinem zukünftigen Traumberuf, zeichnerisch darstellen! Verlieren kannst Du nichts, aber vielleicht etwas gewinnen!"
Selbstbewusstsein war nicht gerade eine verbreitete Stärke unserer Generation. Als mir der Lehrer später die Unterlagen besorgt und übergeben hatte, setzte ich mich doch hin und zeichnete, und danach gewann ich den vierten Preis: Eine Schweizer Reise nach Wunsch, für zwei Personen. Mein stolzer Vater begleitete mich und mein Selbstbewusstsein nahm unmerklich um ein „Mü" zu.
Ich hatte mich selber gezeichnet, artig, eine karierte Schürze über dem „Jüntli" tragend, fröhlich grinsend, inmitten einer lustigen Kinderschar. Den in bunten Farben gemalten Wunschberuf übte ich erst nach meinem fünfzigsten Lebensjahr aus. So spät begann ich mit grosser Begeisterung Kinder zu unterrichten, allerdings nicht in „Jüntli" und Schürze.

Lehrer Probst empfinde ich, rückblickend, als aufgeschlossenen Pädagogen, der seiner Zeit in vielen Dingen voraus war.
Einmal hatte er ein wuchtiges Revox Tonbandgerät in unser Schulzimmer getragen, und so durften - oder mussten wir uns zum ersten Mal im Leben unsere eigene Stimme anhören. Das kostete mich grosse Überwindung! Wir lasen einen kleinen Text, dann wurde zurück gespult und wir hörten uns selber in einer uns total fremden, komischen Stimme reden. Für uns war das ein Abenteuer! Was heute selbstverständlich ist für alle unsere karaoke- und mediengewandten Kinder, liess Ende der 50er Jahre viele von uns vor Verlegenheit stottern.
Einst unternahm Lehrer Probst mit unserer Klasse einen Ausflug auf den Basler Flughafen. Als Höhepunkt durften

wir eine DC-4 besteigen und alles genau ansehen, bis ins Cockpit. Da wurde mein Fernweh geboren! Ich sass in einem Passagiersitz des Flugzeugs und wünschte mir nichts sehnlicher, als in die weite Welt hinaus fliegen zu dürfen. Es dauerte dann noch einige Jahre, bis ich mir diesen Wunsch erfüllen konnte.

Buben verschiedener Klassen bauten mit unserem Lehrer Modellflugzeuge an ihren schulfreien Nachmittagen. So viel ich weiss, war das wirklich nur den Knaben möglich. Ich beneidete sie manchmal.

Unsere ganze Klasse - Buben und Mädchen - versammelte sich einst aufgeregt auf dem Hügel „Sichtern", wo Paul Rosenmund aus Liestal mit seinem Kleinflugzeug über unsere Köpfe brummte. Wir konnten einander zuwinken! Er flog, unter Höllenlärm, sehr tief, so dass wir ihn leibhaftig erkennen konnten am Steuerknüppel, und wir fürchteten, er streife die Kronen der hohen Bäume! Unvergesslich!

Bei all den fortschrittlichen, lehrreichen Ausflügen mag es erstaunen, dass wir jeden Montagmorgen unser hoffentlich sauberes Taschentuch und die möglichst sauberen Fingernägel vorzeigen mussten. Dazu hatten wir uns in einer Reihe vor der schwarzen Wandtafel aufzustellen, Hände vorgestreckt und Taschentuch griffbereit im Schürzen- oder Hosensack. Ich getraute mich nie, vor der Kontrolle mein Nastuch zu benutzen. Darum zog ich, in meinen Erkältungsphasen, montags jeweils den Schnuder hoch. Ich erinnere mich, dass ab und zu ein kleiner Sünder nach Hause sputen musste, um ein sauberes Stofftaschentuch zu holen! Ein ehemaliger Schüler, inzwischen mehrfacher Grossvater, erzählte mir, dass er genau darum immer zwei saubere Taschentücher eingesteckt habe. Seine Frau ergänzte lachend, dass er dies beibehalten habe, bis ins hohe Alter.

Nachhaltig prägend sind die Erfahrungen der Primarschule

auf jeden Fall!
Später, in der fünften Klasse, hat unser Lehrer Probst das peinliche Ritual fallen gelassen. Vielleicht wurde dieser Vorgang aus dem Lehrplan gestrichen?
Tatzen oder Schläge gehörten bei Emil Probst schon zu „unserer Zeit" der Vergangenheit an. Das war leider nicht selbstverständlich. Unsere Unterstufenlehrerin, die teilte nämlich noch ganz legal Tatzen aus. Ich heulte schon beim Zusehen!

Familie Probst und wir wohnten im selben Quartier. Ich erinnere mich an mehrere unserer gemeinsamen Heimwege. Mein Lehrer war nicht gross gewachsen, das aber realisierte ich erst lange nach unserer Primarschulzeit. Er hatte einen schnellen, zügigen Gang und ich musste mich beeilen, um mit ihm Schritt halten zu können. Er erzählte unterwegs immer interessante Dinge über unser Dorf und sein Brauchtum, oder er hörte uns Kindern zu.
Der Umstand, dass ich ihn eines Tages nicht mehr begleitete, hatte vielleicht mit der anstehenden Pubertät zu tun. Und mit meiner Aufklärung... Meine Freundin Ruthli besass eine viel ältere „grosse Schwester". Darum wusste Ruthli bereits um viele Geheimnisse der Fortpflanzung, von denen ich keinen blassen Schimmer hatte. Ich besass natürlich bloss eine viel jüngere Schwester.
Beim Dreschschopf versteckten wir uns jeweils auf der alten Dreschmaschine. Und dort klärte mich Ruthli gründlich auf, in mehreren Lektionen, an verschiedenen Tagen.
Diese existenziell wichtigen Dinge beschäftigten und erschütterten uns so sehr, dass unsere Leistung und die Konzentration scheinbar irgendwie nachgelassen haben.
Lehrer Probst bedachte uns mit folgendem Spruch: „Eher ein Kamel durch ein Nadelöhr, als die beiden Ruthli in die

Realschule Liestal!"
Wir nahmen das mit hochroten Köpfen zur Kenntnis und dachten, er sei uns auf die Schliche gekommen in Sachen sexuelle Aufklärung! „Kamel durch ein Nadelöhr..."!

Emil Probst hatte, nach Möglichkeit, unsere Talente gefördert und gute Arbeiten hervor gehoben. Ich kann mich nicht erinnern, dass er je ein Kind bloss gestellt hätte wegen schwachen Leistungen.
Christine durfte uns ab und zu auf der Geige vorspielen. Hansli berichtete uns von seinem Bauernbetrieb. Jeannette las uns gerne aus dem „Wilhelm Busch Album" vor. Jacqueline hatte uns Worte auf französisch vorgesprochen. Kinder, die Klavier spielen konnten, haben uns manchmal beim Singen in der Aula begleitet. Rechenkünstler durften ihr schnelles Kopfrechnen unter Beweis stellen. Sportliche Kinder kamen im Turnen zur Geltung. Ich selber konnte hie und da einen Aufsatz vorlesen. Beim Theater spielen zeigten sich wieder andere Talente. „Phlegmatiker, Choleriker, Sanguiniker und Melancholiker" kamen alle auf ihre Rechnung. „Die vier Temperamente" hiess übrigens das Theater, das wir zum Abschluss unserer Primarschulzeit vorspielen durften.

Einmal, in der fünften Klasse, klopfte es an unsere Schulzimmertüre. Lehrer Probst verliess kurz den Raum.
Dann wurde ich hinaus in den Korridor gerufen. Fräulein Müller, die Lehrerin der Zweitklässler stand da, mit ernstem Gesicht. Obwohl ich mir nicht recht vorstellen konnte, was man von mir wollte, befürchtete ich Unannehmlichkeiten. Unser Lehrer erklärte mir kurz, ich solle für eine Stunde ihre Klasse hüten, die Lehrerin habe einen ganz dringenden Termin. Ich war sehr erstaunt - gab es doch viel fleissigere,

„gescheitere" Schulkameraden, ohne „Kamel und Nadelöhrthemen", als gerade mich.
Ich trat zögernd in ein riesiges Schulzimmer ein, wo mich gegen vierzig Kinder neugierig anstarrten. Ich überwand meine Unsicherheit und begann einfach, phantasievolle Geschichten zu erfinden und spontan zu erzählen.
Die Klasse war mucksmäuschenstill, bis zur Pausenglocke.
Dass daran irgend etwas Besonderes sein sollte, kam mir nicht in den Sinn. Aber an diesem Fundament des Vertrauens, zu dem mir mein Lehrer Probst damals verhalf, habe ich wahrscheinlich immer wieder ein wenig weiter gebaut. Eigentlich bis heute.

Lehrer Emil Probst ist Geschichte.
Hunderte seiner Schüler und Schülerinnen haben ihre eigenen, ganz persönlichen Geschichten erlebt mit ihm.
Und diese sehr unterschiedlichen Erinnerungen an ihn werden weiter leben.
Die Schulzeit ist erfüllt von facettenreichen Augenblicken, die prägend in unsere individuelle Lebensgeschichte eingreifen. Ich denke, genau dessen war sich unser Lehrer Emil Probst bewusst.
Gemeinsam mit mir denken sehr viele „Ehemalige" dankbar an ihn.

Emil Probst -Schweizer 1917 - 2013
Lehrer und Ehrenbürger von Frenkendorf BL

Spooti Klassezämmekunft
Gedicht zum Vorläse

Me het sich johrelang nümme gseh,
Doch einisch isch es denn doch gscheh:
Dank es paar Aktive isch's so wyt
Fürs Klasseträffe: s'wird bald Zyt!

Mir luege und loose es bitzeli iine,
Was us dene ehemalige chliine
Chinder hüt eso worden isch.
Träffpunkt am Drüü, am Apérotisch.

E chli verlääge luegt me umenand,
Ab und zue schüttlet eim öpper d Hand.
„Jessäs!", dänkt me, „Do kenn ich niemer!
Die gsehn kei Bitz me us wie friener!"

„Jetz lueg au do! Wär isch au das?!",
Seit plötzlig eine und längt mir e Glas.
„Du gsehsch no ganz gliich us wie denn,
So wien i di vo dr Primeli kenn!"

„Du Schmeichler Du! Dasch gar nit wohr!
Chumm lueg doch mini silbrige Hoor!
Und wär bisch du?", frog ich d'Glatze denne.
Denn hoorlos sin si schwierig z' kenne.

Ammen Egge stönde, es Glas in dr Hand,
Äs Grüppeli Silberwölf binenand.
Si rede rächt luut, dr Wy macht se luschtig,
Me ghört nümm so guet und s' Büffee isch gluschtig.

Jetz fahrt eine ii, in Armani, mit Scharm,
Äs glänzt e Rolex an sim Arm.
Är bleckt bleichti Zehn - dä old Girls wird's warm.
Dä isch und bliibt dr Klasseschwarm!

„Hesch gseh", sait dr Max und är packt dr Peti.
„Dört äne – di Schuelschätzli, s Meier Hedi!"
Wie ne Pfau got dr Peti bim Hedi verbii
Und git em e Schmutz, als ghör's Hedi no sii.

Dr Guschti chratzt sich an sinere Glatze.
Är tuet wäg de „Dritte" e bitzeli schmatze:
„Jetz lueg emol die Meitli aa",
Grinst är zum Freddy, grad näbedraa.
„Das sin jetz fascht alles alti Wyber,
Kei Figur me - numme no formlosi Lyber!"
Gliich holt sich dr Guschti so eini zum Danze,
Bim Walze stört aber numme si Ranze!

Dr tüchtigi Schaggi wo organisiert
Haltet ä Red, wo putzt isch und gschmiirt.
Är begriesst die Aawäsende alli ganz härzlig,
Wär hüt nid chön do si, für die siggs halt schmärzlig.
Die Meischte sige vo wythär cho
Und heige viel Läbeserfahrig mitgnoh.

„Vor 50 Johr sin mir zämme in'd Primeli gange,
Ä halbs Johrhundert isch sithär vergange..!
Mir heinis veränderet – vo inne und dus,
Das macht dr Rychtum vom Läbe halt us."
E Schwygeminute ladet eim derzue ii
Dra z dängge, dass nümm alli unter eus sii.

E chli spöter hei sich die Meischte gfunde,
Si rede vo chranke Zyte und gsunde,
Meischtens verzellt me vo sine Bräschte
Wo sich immer meh ins Läbe iinäschte.

S Heidy het scho ne künschtlechi Huft,
Und dr Ärnscht griegt bim uufwärtslaufe kei Luft.
S Bethli het Zucker und s Elsi hett kein.
Derfür isch äs imme Diätverrein.

Dr Franz heig ä Bluetdruck, und är sig au z dick.
Und dr Bärble ihr Chnüüglänk sig jetzt us Plaschtigg.
E Härzinfarkt heig dr Martin überläbt,
Au dr Hugo sig scho mol in Läbesgfoor gschwäbt…

D Zeen mache Chöschte, das isch jo verruckt,
Und was eim halt sunscht eso alles druckt.
Me luegt enand aa und merkt: S isch scho wohr,
Mir alli chömme gmeinsam langsam in'd Johr.

Vo eus allne sin d Wurzle im gliiche Bode dehei,
Und Erläbnis, wo mir in dr Schuel ghaa hei
Sin ähnlich, die hei eus Gmeinsamkeit gschänkt.
D'Schuel het eusi erschte Erfahrige glänkt.

S' Läbe het jedes rächt draa gnoo und grüttlet,
Äs paar vo eus sogar fescht duregschüttlet.
Drum gän eim, s isch wirklich eso wie me seit,
D' Erinnerige s Gfüehl vo Zämmeghörigkeit.

Wärtvoll isch es, das z' entdecke,
Vertrautheit in de alte Wurzle z' wecke.
Vergässes usgrabe, lache über denn,
Wo mir no Luusbuebe und -Meitli gsi sin.

Bim Znacht nimmt dr Lärmpegel ganz gwaltig zue,
Au zum Dessert gits öppe gar nonig Rueh.
Nach em Kaffi wei aber die erschte scho go.
S'sig schön gsi, mä well s andermol wieder cho.

Mä git no ne Batze ind' Chranzkassen iine
Und bangt, dr negscht wärdi nit öppe scho siine.
S' neu Träffe sell in zwöi Johr wider sii.
Me hofft, alli siige denn wieder derbii.

V GEDANKENSPIELE

Die Scheinzypresse
Laudatio für einen alten Baum

Nun muss sie weg – sie, die seit mehr als 150 Jahren den Blick auf unsere Kirche geprägt hat. Sie befindet sich, so heisst es, in einer Degenerationsphase. Ihre Diagnose lautet also ähnlich wie die unserer Zivilisation.
Sie charakterisierte und dominierte beinahe die Sicht auf unsere Kirche, sie wetteiferte ein wenig mit dem Turm, sie gehörte einfach ganz selbstverständlich dazu.
Es sind erst wenige Jahre vergangen, seit an einer Kirchgemeindeversammlung die Idee einer Adventsbeleuchtung für die prächtige, hohe Zypresse besprochen wurde, um ihre Einzigartigkeit im Glanz vieler Lichter erstrahlen zu lassen. Doch die wurde abgelehnt, damals, weil sich die Vögel gestört fühlen könnten. Schon bald fühlen sich die Vögel ganz sicher verstört, weil sie ihren Baum nicht mehr finden werden. Unsere Zypresse erlebt nicht einmal mehr den Glanz der neu renovierten Kirche – und das Weihnachtsfest vom vergangenen Jahr, als die Drei Könige ihr noch ganz speziell huldigten, war ihr letztes gewesen.
Ich besuche sie, streiche über ihre zerfurchte, borkige, raue Rinde, bestaune den wuchtigen Stamm, der sich unten breit ausladend, in starkes Wurzelwerk auslaufend, in die Erde krallt.
Von allen Seiten fotografiere ich den alten, mir so lieb gewordenen Baum. Noch einmal setze ich mich in seinen Schatten, auf die Bank gleich neben dem Brunnen. Dieser plätschert vor sich hin, wie immer, als könne nichts und niemand den Lauf der Dinge je ändern.
Nächste Woche wird er fallen, wird sich die Kettensäge unter grässlich kreischendem Geräusch in den altehrwürdigen Holzstamm hineinfressen, ein Stückchen Geschichte stirbt.

Nicht nur die Vögel werden ihn vermissen, auch die Fledermäuse, die ihn vor allem in der Dämmerung fast geräuschlos in Beschlag nahmen, und sicher wird er sehr vielen Menschen fehlen.

Noch steht er aufrecht neben der Kirche, wie ein Schutzpatron, und er kann mir tausend Geschichten erzählen – echt wahre, die der alte Baum hier, an diesem Drehpunkt des Lebens und des Sterbens, mitgestaltet hatte.

Als er ganz klein war, hatte ihn jemand in die Erde gepflanzt, vielleicht auf ein Grab.

Früher hatten sich Jahr für Jahr ganze Scharen von Schulkindern an ihm vorbei gedrängt, um Holzscheite für die Kirchenheizung auf den Estrich zu schleppen. Buben rannten an ihm vorüber, um das Seil für das Glockengeläut zu ziehen.

Während der Kriegsjahre, als die Dorfschulhäuser von Soldaten belegt waren, hatte es unsere Scheinzypresse besonders kurzweilig, weil die Schüler im Kirchenraum unterrichtet wurden. In der Pause rannten sie täglich um den Baum herum, oder sie legten die Arme an seinen Stamm zum „Iiluege", fürs Versteckspiel. Damals war er bereits gegen hundert Jahre alt!

Ganze Heerscharen schwarz gekleideter Pfarrherren – später auch Pfarrerinnen, hasteten oder schritten unter Glockenklängen den steilen Kirchenhügel hinan um, vielleicht im Schutz der Scheinzypresse, noch rasch die schneeweissen Beffchen am Talar zu richten, bevor sie die Kirche betraten.

Auf unzähligen Hochzeitsfotos hatte der Baum sich als würdige Kulisse zur Verfügung gestellt, an manchen Tauffeiern fächelte er den Kleinen heimlich zu, vielen Trauernden hat er versucht, etwas Geborgenheit zu vermitteln. All den Konfirmanden und Konfirmandinnen, die sich Jahr für

Jahr zum Erinnerungsbild auf der Kirchentreppe gruppierten, zeigte sich die Zypresse im Hintergrund – immergrün, als Symbol der Lebenskraft.
Liebespaare trafen sich auf der Bank, diskret versteckt im dichten Geäst.
Manche Friedhofsbesucher, die ihre Kannen am Brunnen füllten, setzten sich in ihren Schatten um zu plaudern, oder vielleicht über die Vergänglichkeit dieser Welt nachzudenken.
Eine ältere Frau gesellt sich zu mir und erzählt, wie einst, immer nach dem Besuch der obligatorischen Kinderlehre, Jugendliche den Baum hoch geklettert seien, auf starken, bis zur Erde reichenden Ästen.

Ich bemerke ein paar Zweige, die bräunlich aus dem saftigen Grün hervor schimmern. Ob das die Degenerationsphase andeutet? Einige Äste hat man bereits abgesägt, wahrscheinlich zum Erlangen der Expertise. Also, sehr degeneriert sieht der Baum nicht aus. Aber – so sinniere ich - die aktuelle Umgestaltung des Friedhofareals beschleunigt vielleicht sein Ende.
Wuchtig überragt der Baum die Gräber, die von unserer eigenen Vergänglichkeit zeugen. Auch bei uns kann das Ende oft vorzeitig und überraschend eintreten.
„Mein Freund der Baum ist tot, er fiel im frühen Morgenrot…". Die einst bekannte Melodie von Alexandra lässt mich nicht los.
Ich werde dich vermissen, mein Freund. Mir war gar nicht bewusst, wie sehr du zu meinem Selbstverständnis gehört hast. Erst jetzt, wo du gehen musst, weiss ich es.
Wenn diese Geschichte erscheinen wird, ist der Baum längst verschwunden. Man wird sich rasch an die neue Leere und an das Ersatzbäumchen gewöhnen.

Im Fluss des Lebens übergibt Altes dem Neuen seinen Platz, und was uns bleibt sind schöne Erinnerungen – auch an die Scheinzypresse neben unserer Kirche.

Danke, gut

„Wie geht es dir?", so werden wir routinemässig gefragt, wenn wir jemandem begegnen. Und dann antwortet der oder die Befragte in den meisten Fällen: „Danke, gut. Und dir?"
„Mir auch, ich kann nicht klagen. Danke."
Zufrieden, dass es allen so gut geht, haben wir solche Begegnungen meist rasch wieder vergessen.
An einer Feier höre ich mich bewusst etwas genauer um: Wir sitzen gemütlich an einer gemischten Tafelrunde. Dass es uns gut geht, haben wir alle bei der Begrüssung bereits festgestellt.
Im Gespräch mit meinem Tischnachbarn reden wir über das Thema Zufriedenheit am Arbeitsplatz. Oha! Da scheint es mit dem „gut gehen" etwas zu hapern. Gestresst sei er, unkoordiniert, zu viel werde ihm aufgebürdet. Sicherheit und Qualität seien nicht mehr im erforderlichen Umfang gewährleistet, findet er. Und deshalb leide er unter Schlaflosigkeit oder Albträumen. Die Geschäftshierarchien würden rücksichtslos angewandt, so dass man sich oft wie eine Nummer vorkomme, kaum mehr wie ein Mensch aus Fleisch und Blut. Mitarbeiter wechselten ständig. Die Neuen seien immer jünger, unerfahren, oft Ausländer, dafür aber günstiger. Dadurch fühle er sich bedroht. Wie ein Damoklesschwert hänge die ständige Angst und Unsicherheit über den Verlust dieses ach so verhasst - geliebten Arbeitsplatzes über ihm. Schliesslich sei er nicht mehr der Jüngste und durch seine Sozialabgaben werde er für die Firma immer teurer.
So redet er immer weiter, und ich merke, dass er anfangs geschwindelt hat, weil es ihm nämlich überhaupt nicht gut geht.
Eine Krankenschwester gesellt sich zu mir. Ach nein, sie

nennt sich jetzt diplomierte Fachangestellte für Pflege und Gesundheit. Sie ist bestimmt erfüllt von ihrer Berufung, vermute ich. Aber schon nach kurzer Zeit höre ich, dass sie für ihre eigentliche Kernaufgabe selten mehr Zeit findet. Dass sie sich vor lauter Organisation und Administration kaum mehr persönlich um die Bedürfnisse der Patienten kümmern kann, dass man auf den Abteilungen viel zu wenig Personal beschäftigt, dass die „Zweiklassengesellschaft" immer deutlichere Züge zeigt, auch im Spital. Dass beispielsweise in der Privatabteilung Personen eingestellt werden, welche den Schwächsten beim Eingeben der Nahrung behilflich sind, während auf den allgemeinen Abteilungen für solchen „Luxus" höchstens Angehörige zugezogen werden können. Dass sie sich das so nicht vorgestellt hat. Die „Krankenschwester" ist enttäuscht und frustriert über die Entwicklung der streng kostenorientiert arbeitenden Spitäler und Kliniken.
Momentan gehe es ihr aber gut.

Unter den Gästen befindet sich ein Lokomotivführer. „Ein interessanter Beruf", denke ich. „Früher wollten viele Buben diesen Beruf erlernen. Bestimmt ist das ein zufriedener Mensch."
Er sieht jedoch ziemlich müde aus. Bald beginnt er zu reden. Er müsse vermehrt ausserhalb des Einsatzplanes einspringen, er fahre pro Woche bis zu zehn, zwölf Stunden mehr als noch vor ein paar Jahren. Es sei nichts mehr wie früher. Der Druck auf das Personal habe vor den Bahnen auch nicht halt gemacht. Viele seiner Kollegen litten unter Symptomen von Burnout. Immer öfters müssten Lokführer und Zugbegleiter auch versuchen, „Personenunfälle" zu verkraften. Oder die stets komplizierter gewordenen technischen Anlagen fielen aus, was zu Verspätungen und

Fahrplanumstellungen führe. Sein einstiger Traumberuf habe sich zu oftmals hektischen, harten, langen Einsätzen gewandelt. Er sei sich seiner Verantwortung bewusst und er hoffe nur, dass er diesen erschwerten Anforderungen immer gewachsen sei.
Der Mann wirkt angespannt und enttäuscht.

„Danke, mir geht's gut", antwortet bei der Begrüssung auch eine ältere Dame. Beim Dessertbuffet komme ich mit ihr ins Gespräch. „Oh, ich nehme bloss eine Frucht. Mein Blutzucker – wissen Sie." Und dann folgt eine sehr ausführliche Schilderung ihres angeschlagenen Gesundheitszustandes – ein Zipperlein hier, eine Ziehen da.
Blutdruck, Herzjagen, Aufstossen... Aber es gäbe ja Schlimmeres, meint die Dame, und sie lächelt tapfer: "Jedes hat doch sein Bürdeli zu tragen."

An zwei Gehstöcken humpelt ein Kind auf uns zu. Es bittet mich, ihm ein Stück Torte auf seinen Teller zu legen. Auf meine Frage, was denn geschehen sei, meint es: „Wissen sie, mir geht es schon wieder gut. Mich begleitete nämlich ein Schutzengel, als mich ein Auto auf dem Fussgängerstreifen angefahren hatte. Ich hätte ja tot sein können. Nun aber freue ich mich riesig auf diese Erdbeertorte. Wenn sie mir den Teller bitte an den Tisch tragen würden? Danke."

„Hallo! Und wie geht es Ihnen?"
„Danke, mir geht es gut!"

Sein Leben hat sich erfüllt
Gedankenfetzen über die „Erfüllung des Lebens"

„...sein Leben hat sich erfüllt..."
So lese ich in einer Todesanzeige.
Mein Blick fällt auf das Bild meiner Mutter, das seit ihrem Tod vor einigen Jahren auf dem Schrank im Wohnzimmer steht.
„Siehst du, du bist zu früh gegangen! Jetzt erst hätte sich dein Leben erfüllt. Die Person dieser Todesanzeige hat deinen Jahrgang."
Manchmal rede ich mit meiner Mutter. In Gedanken.
Ich ordne die Schneeglöckchen im Glas, der erste kleine Blumengruss aus unserem Garten. Sie liebte Blumen, und darum steht immer irgendein Sträusschen vor ihrem Foto.
„Du bist acht Jahre vor diesem, deinem Jahrgänger verstorben. Ganz plötzlich. Mitten aus deinem noch aktiven Dasein heraus. Ob sich dein Leben trotzdem erfüllt hatte? Dein Mann ist sogar schon im Alter von achtundfünfzig Jahren gestorben."
Damals an eine Erfüllung seines Lebens zu denken, kam mir niemals in den Sinn. Unser Vater hätte noch so viel vorgehabt. Und seinen ersten Enkel, der wenige Monate nach seinem Tod geboren wurde, den durfte er nicht einmal kennen lernen. Er hatte sich sehr auf ihn gefreut.

Wann hat sich ein Leben erfüllt? Wenn ich jetzt sterben würde – hätte sich meines erfüllt? Es bliebe ihm wohl nichts anderes übrig...
Und die Nachbarin, die soeben sechsundneunzig Jahre alt geworden ist, die täglich unter grossen Schmerzen leidet, die andererseits ihre ganze Familie ständig auf Trab hält durch ihre Exzentrik, ihren starken Willen und ihre

Dominanz...hat sich ihr Leben immer noch nicht erfüllt? Was muss sie, um Himmels Willen, noch erleiden und erleben, damit es sich erfülle?

Im Herbst ist das zweijährige Kind unserer Freunde verstorben. Es ist viel zu früh aus dem Dasein gerissen worden, grausam, ganz zu Beginn seines verheissungsvollen Lebens. Es hat die Seinen in unendlich tiefem, grossem Leid zurücklassen müssen. Da scheint sich gar nichts erfüllt zu haben.

Wer bestimmt wohl über die Erfüllung eines Lebens?
Wir? Gott? Schicksal? Und ab welchem Alter nennen wir es „erfüllt"?
Meine Schwiegermutter ist über neunzig Jahre alt. Sie will gar nichts hören von erfülltem Leben oder gar vom Sterben.
Ein Onkel hat sich zu seinem neunzigsten Geburtstag ein neues Auto angeschafft. Erfüllung und Fülle, so lange es irgendwie geht!

Wir können heute zwar Leben verlängern, das Sterben hinaus zögern. Quantitativ gewinnen wir Lebensjahre – aber qualitativ? Es liegen unzählige, sehr betagte Menschen in zahllosen Kliniken; verbraucht, leidend, total hilflos, manchmal dement. Einige hängen an Schläuchen, werden gefüttert, gepäppelt, gewickelt. Sie bekommen Medikamente, welche die Funktion der Organe aufrecht erhalten. Manche wünschen sich die Erlösung herbei und sind der Verlängerung ihres Daseins doch ausgeliefert. Solch leidendes Leben sollte nicht unendlich andauern müssen. Es scheint sich wirklich erfüllt zu haben, sollte ein Ende haben dürfen. Niemand sagt es gerne. Fast alle denken es: „Dieses Leiden

ist, zu all dem Jammer, auch noch sehr kostspielig."
Ein schwieriges Thema. Wer Senioren- und Pflegeheime besucht, oder dort arbeitet, kennt die Fragen dazu zur Genüge. Antworten darauf kann es kaum geben. Sie bleiben sehr individuell.

Sein Leben hat sich erfüllt.
Ich finde es wunderbar, wenn jemand das so empfinden darf, am Ende seines irdischen Daseins.
Irgend einmal erfüllt es sich immer.

Mein Hund ist kirchenrein,
doch er darf nicht in die Kirche rein...

„Hier warte ich gerne", steht auf den bunten kleinen Schildchen, die in der neckischen Form von Hundebeissknochen neuerdings neben sämtlichen Pforten unseres kleinen Dorffriedhofs prangen.

Eine ältere Dame, die soeben einen kleinen Pudel am Haken festknotet, spricht mich entrüstet an: „Das ist nun wirklich ein scheinheiliger Spruch, der hier an diesem frommen Ort angeschrieben steht. Lesen Sie mal: Er warte gerne, der Hund, gerne! Welcher Hund wartet eigentlich gerne? Den würde ich gerne einmal kennen lernen! Bestimmt warten viele Hunde geduldig, ergeben, brav, weil ihnen nichts anderes übrig bleibt. Aber gerne? Mein Lumpi weiss ganz genau, wo mein Mann liegt. Und nun darf er nicht mehr zu ihm rein. Uns hätte ein gewöhnlicher Haken, ohne den einfältigen Spruch, genügt." Die Frau schneuzt sich in ein Taschentuch, packt ihre Giesskanne und verschwindet durchs Tor. Lumpi schaut ihr mit hängenden Ohren nach.
Ich knote Limba's Leine an einem Hundebeissknochenschildchen an der Südseite fest. Beim Schattentor hing ja bereits der Pudel.
„Warte hier, Limba. Das tust du bestimmt gerne! Weil es nämlich so angeschrieben steht. Im Umfeld der Kirche wird man's ja wissen."
Mit einem Hundeseufzer lässt sich unser treuer Familienbegleiter gottergeben nieder plumpsen, auf seinen Bauch. Da liegt er nun - ein Häufchen Elend an der brütenden Sonne.
Ab und zu besuche ich die Verstorbenen unserer Gemeinde. Wer weiss - vielleicht warten die ja gerne hier. Ich kannte

die meisten Leute recht gut, die hier rund um unsere schöne Kirche bestattet sind. Ich habe erlebt, wie sich nach und nach ein Generationenwechsel vollzogen hat - ganz sachte. Wir wohnen schon seit über 35 Jahren in diesem Dorf, davon immerhin 34,5 Jahre ohne Hundeverbot.
Irgend einmal werde wohl auch ich auf diesem Friedhof zu Ruhen kommen. So ich denn zur Ruhe komme...
Vorerst aber bellt mein wartender Hund in seinem sonoren, tiefen Bass. Der Pudel begleitet ihn mit grell-hellem Sopran, lauthals und unaufhörlich. Ich eile zu Limba. Sie ist die neue Regel einfach noch nicht gewohnt. Und sie hat viel zu heiss. Ich nehme die Leine samt Hund vom Südhaken ab und binde sie an dessen „Klon" fest, gleich unter den Linden. Inzwischen hat sich die Dame mit ihrem unaufhörlich klagenden Pudel nämlich verabschiedet, und der begehrte Lindenbaumschattenhaken ist frei geworden.
Mein Hund scharrt sich ein Plätzchen frei im Schotter und rollt sich unter dem Abfalleimer zusammen. Vor Kurzem noch rollte er sich unter der Bank innerhalb der Friedhofmauern zusammen, an meiner Seite, als wir gemeinsam am Grab einer Freundin gesessen sind und viele Erinnerungen haben aufleben lassen. Die These über hündische Erinnerungen entspricht in etwa derselben Logik wie die, dass Hunde gerne warten.
Ich setze mich erneut auf die Bank und lasse meine Gedanken mit den Wolken ziehen.
Sie waren mir stets wichtig, diese ruhigen Minuten am Grab meiner guten Kollegin. Limba wusste immer sofort, wohin es ging. Sie lag jeweils mucksmäuschenstill, als spüre sie meine Andacht. Mein Hund ist stubenrein und er ist friedhofrein und er wäre auch kirchenrein, aber er darf schon seit längerem nicht mehr in die Kirche rein. Weil halt die blutjunge Pfarrerin mit ihren unorthodoxen Ideen auch

seit längerem nicht mehr im Ort tätig ist.
Mit jedem Pfarrerwechsel wechseln nämlich die Gepflogenheiten in ländlichen Kirchgemeinden.
Kirchen und Friedhöfe sind vielleicht normiert oder zertifiziert, und lebendige Wesen haben darauf oder darin nichts zu suchen. Mit Ausnahme natürlich von uns, der edlen Krönung der Schöpfung. - Das sind wir. - Wir Menschen.
Wir aber sind selten mehr in grösserer Zahl in diesen heiligen Räumen anzutreffen, ausser vielleicht an Hochzeiten, Bestattungen und an besonderen Festtagen. Versuchen Sie einmal, all die heutigen Individualgesellschafts-Genussmenschen in einer Kirche zu vereinen!
Was fehlt den Leuten wohl in unseren schönen, sauberen Kirchenräumen? Mehr Spiritualität? Vielleicht etwas mehr Raum für lebendige Spontanität?
Natürlich sind wir alle verplant und finden keine Zeit mehr für regelmässige sonntägliche Gottesdienste. Jede und jeder hat sich eh seine ganz persönliche Religion zusammen gestellt. Das Angebot ist gross, wir sind ja mit der ganzen Welt vernetzt.
Erneut bellt mein Hund. Wieder haste ich zu ihm.
Limba hängt verwickelt in ihrer Leine. Ich muss sie losbinden, um sie zu befreien.
Ich will sie erneut anleinen, aber sie ist verschwunden. Schlussendlich gehe ich zurück zu meinem Bänkli am Grab. Darunter liegt sie, unsere Limba, brav zusammengerollt und entspannt, wie sie das schon seit Jahren getan hat. Na - was soll's. Ich lasse sie liegen.
Wir beide werden ruhig, sind weit weg: Limba im Traum, ich erneut in Gedanken. Wir entschwinden in die Welt der Erinnerungen, treffen an diesem fernen Ort viele Bekannte, Menschen und Tiere, die sich alle nur noch dort finden lassen. Hier verweilen wir beide gerne.

VI WEIHNACHT

Zu Weihnachten ist Grossmama ausgebüxt

Erinnern Sie sich an Grossmama Angèle?
Sie hat in meinem ersten Buch «Haben Engel Bauchnabel?»
durch ihren Hanftee und ihre späte Liebe einige Berühmtheit
erlangt. Viele möchten wissen, was wohl aus ihr geworden
ist.

Grossmama ist durch einen tragischen Autounfall «in den Rollstuhl gekommen». Schon im Krankenhaus zeigte sich, dass sie nicht mehr in ihrer Wohnung würde leben können, da die sich im Hochparterre befand, ohne Lift. Die schwer verletzte Frau hat monatelang Hilfe für ihre sämtlichen Bedürfnisse in Anspruch nehmen müssen. Ihre Beine waren gelähmt und trugen sie nicht mehr.
Grossmama Angèle haderte mit ihrem Schicksal. Sie war es gewohnt, ganz und gar selbstständig zu haushalten, zu pflanzen, zu reisen, zu entscheiden: eine autonome, resolute alte Dame. Beinahe neunzig Jahre lang konnte sie frei schalten und walten - und nun das!
Um dem drohenden Eintritt ins Pflegeheim zuvor zu kommen, ist sie dann viel zu früh, auf eigene Verantwortung, in ihr Heimatland Polen abgereist. Einfach so. Sie lag noch im Spital, war kaum von den «Schläuchen entbunden», hatte soeben gelernt, den Rollstuhl zu benutzen, und wollte nix wie weg, entgegen jeglicher Vernunft!
In ihrem Zimmer hatten wir oft Tabletten und Pillen aufgelesen, welche Grossmama in wilder Wut ausgespuckt hatte. Sie sass in ihrem Pflegebett, gestützt von einem Berg Kissen, und mit energischer Stimme wetterte sie: „Die wollen mich umbringen! 18 Tabletten pro Tag habe ich gezählt! Die brauche ich alle nicht!"

Sie hatte damals einfach eine Bekannte aus Polen zu sich in die Klinik beordert, die sie «rausholen» sollte.
Mit Behindertentaxi und Flugzeug entfloh Mama der Klinik und der Schweiz, und gelangte, in Begleitung ihrer Bekannten, in ihr winziges Ferienhäuschen, das sich in einem abgelegenen Dörfchen Südpolens befand.
„Ich brauche bloss jemanden, dem ich befehlen kann! Und das finde ich in Polen, aber nicht hier!", teilte sie uns mit.
Sie kehrte dann, nach wenigen Wochen, als schwaches Häufchen Elend und von unsäglichen Schmerzen geplagt, wieder zurück in die Schweiz. Ein Nachbar musste sie im Flugzeug begleiten. Das Befehlen allein hatte nicht gereicht. Sowohl ihr alter Freund Franicek wie auch ihr viel gerühmter Canabis-Tee, der im Estrich des Häuschens in Polen eingelagert war, halfen ihr leider nicht wieder auf die Beine.
Ihr verschlechterter Zustand hatte erneut einen langen Spitalaufenthalt zur Folge. Wir befürchteten einmal mehr, ihr letztes Stündlein habe geschlagen.
Kaum wieder etwas zu Kräften gekommen, erklärte sie trotzig, sie sei überhaupt nur wegen des bevorstehenden harten Winters zurück gekommen. Das Häuschen sei halt schlecht heizbar. Sie lasse nun demnächst eine gute Heizung einbauen.
Sie erholte sich bei bester Pflege soweit, dass sie schlussendlich ein frei gewordenes Zimmer im Senioren-Heim ihrer Wohngemeinde beziehen konnte.
Grimmig erzählte Grossmama allen, sie sei hier in einem Gefängnis. Und sie müsse nur den richtigen Augenblick abwarten, dann könne sie ausbrechen!
Vorerst aber benötigte sie zwei Pflegepersonen, um im Bett richtig gelagert werden zu können oder um in den Rollstuhl zu gelangen.

«Stellt mich raus in den Schnee!», beschwor uns Grossmama.
„Dann kann ich erfrieren! Aber hier bleibe ich nicht!"
Wir holten sie so oft wie möglich heim zu uns, aber auch da gefiel es Grossmama gar nicht. Denn auch bei uns wurde ihr ja bewusst, wie hilflos sie war, dass sie gepflegt werden musste, eigentlich fremd verwaltet ist und herum geschoben wurde. Zu ihrem Gefängnis war der eigene Körper geworden.
Ihre Söhne wurden aktiv. Der eine richtete ihr einen Anschluss mit Internetzugang ein, damit sie per Skype mit ihrem anderen Sohn und den Enkeln im Ausland reden konnte. So war sie die erste, sehr betagte alte Dame, die über Internet verfügen konnte im Seniorenheim.
Der andere Sohn liess einen enormen Kühlschrank in ihr Zimmer stellen, der nun, dank Online-Bestellung, stets gut gefüllt wurde mit Champagner, Lachs, kaltem Geflügel, Käse, Torte und was der Herrlichkeiten mehr sind, die Grossmama gerne kostete. Einmal fand sich dort ein wuchtiger Karton, gefüllt mit eher lädierten Äpfelchen. Grossmama hatte ihrem polnischen Freund Franicek befohlen, sie wolle die Äpfel von ihrem eigenen Baum kosten. Er solle sie ihr per Post schicken. Er tat es - und da sie nicht gerade knackig, dafür wahnsinnig kostspielig hier in der Schweiz eintrafen, bat sie mich, davon Schnitzchen zu kochen. Das war wohl der kostbarste Apfelkompott, den ich je hergestellt hatte.
Grossmama konnte, dank des Kühlschranks, ihr Talent als ausgezeichnete Gastgeberin weiterhin ausüben, zu unserer und ihrer Freude!
Nach einigen Wochen dachten wir, sie habe sich schlussendlich eingelebt in ihrem schön eingerichteten, hellen, komfortablen Zimmer.

Sie wurde wirklich von Woche zu Woche aktiver und munterer. Sie nahm sämtliche Physio- und Massageangebote in Anspruch, sie liess sich, als sie tatsächlich wieder etwas kräftiger wurde, täglich auf ein Therapie-Fahrrad setzen und strampelte unermüdlich mit ihren kraftlosen, fast gelähmten Beinen. Sogar der Therapeutin wurde das beinahe unheimlich, war es ihr doch schleierhaft, wie die alte Dame das schaffte. Schliesslich hatten ihre Röntgenbilder eine deutliche Fraktur in einem Brustwirbel gezeigt, inoperabel in ihrem Alter, wie uns mehrere Ärzte versicherten.

Nach einigen Monaten flitzte uns Grossmama im Rollstuhl voraus, zu einem Handlauf, der sich im langen Korridor der Wand entlang hinzog. «Schaut her was ich geübt habe», erklärte sie uns stolz. Und dann zog sie sich mit aller Kraft hoch, aus dem Rollstuhl, auf ihre Beine! Ihre eigenen Beine trugen sie für einen Moment, zwei lange Jahre nach dem schrecklichen Unfall. Es war dies eine enorme Willensanstrengung von Grossmama Angèle und ein unglaublicher Erfolg!

Von nun an trug Grossmama meistens bequeme Fitnesskleidung und sie trainierte unermüdlich. Sie hatte ja schliesslich ein Ziel! Allerdings eines, von dem wir noch nichts wussten.

Ein Arzt und eine Pflegerin aus dem Spital, in dem sie nach dem Unfall erstbehandelt wurde, kamen zu Besuch. Sie wollten mit eigenen Augen sehen, welch Wunder sich da abspielte, entgegen allen medizinischen Prognosen!

Eines Tages brauchte Grossmama keine Hilfe mehr für Toilette, oder Transfer vom Bett in den Rollstuhl. Sie schaffte es, kurz auf ihren Beinen zu stehen, und da begann sie von einer erneuten Reise nach Polen zu reden.

Wir empfahlen ihr, den Sommer abzuwarten. So zwei, drei Wochen Urlaub in ihrem alten Heimatland sollten dann

wahrscheinlich möglich sein.
Eigentlich wussten wir um den harten Schädel meiner Schwiegermutter!
Ende November war Grossmama, mit Rollstuhl natürlich, bei uns zu Besuch und wollte absolut sehen, wer oben an der Türe geläutet hatte. Ich befand mich, fünf Stufen erhöht, an der Haustür und drehte ihr den Rücken zu. Sie kam hinter mir her gerollt bis zum Fussende der Treppe, erhob sich eisern und schleppte sich verbissen, das Geländer fest umklammernd, zwei Stufen hoch. Dann verliessen sie die Kräfte. Im allerletzten Moment wurde sie von der zarten Freundin unseres Sohnes bemerkt und gepackt. Sie fielen alle beide herunter, gegen die Wand. Grossmama hatte später behauptet, wenn sich das Mädchen nicht eingemischt hätte, wäre sie nicht gefallen. Wahr ist, das sie dadurch viel sanfter zu Boden ging, die Retterin lag nämlich, ziemlich havariert, unter ihr.
Im Advent schleppten wir eine Dose Selbstgebackenes, einen kleinen Christbaum mit elektrischen Lämpchen und weiteren festlichen Dekor zu ihr ins Heim. Sie sollte es so behaglich wie möglich haben, dachten wir. Sie aber hatte eine ganz andere Vorstellung von Behaglichkeit.
Noch vor Weihnachten war sie eines Tages einfach verschwunden. Weg und fort - ausgebüxt und abgereist. Sie hatte es erneut geschafft, jemanden aufzutreiben, der sie heimlich abholte und zum Flughafen begleitete. Im Rollstuhl. Mit dem Behindertentaxi. Wie gehabt.
„Da bleibe ich jetzt", erklärte sie uns am Telefon. „In meinem Häuschen in Polen. Der neue Ofen funktioniert bestens. Ins überteuerte Gefängnis gehe ich nicht mehr zurück. Ich habe eine Frau hier, die mir hilft. Das reicht. Und Medikamente hatte man mir eh viel zu viel verfüttert, in der Schweiz."

Und so zogen wir die Stecker raus von Laptop, Christbaumbeleuchtung und Kühlschrank, packten den Weihnachtsdekor in Schachteln und brachten die Guetzlidose in den Aufenthaltsraum.

Die Leitung des Pflegeheims verlangte nach einiger Zeit natürlich, dass wir die Möbel und einfach alles abholen sollten. Innerhalb von einer Woche. Und - ich zitiere - «die Herren Petitjean» dürften ja nicht erwarten, sollte der eigensinnigen Dame wieder danach sein, dass sie dann einfach wieder hier eintreten könne. In diesem Fall stehe sie wieder zuhinterst auf der Warteliste!

Und so kam es, dass mein Gatte und ich nach der Wohnungsauflösung nun ein weiteres Mal zur Räumung aufgeboten wurden. Der zweite der «Herren Petitjean» lebte, zu seinem Glück, in Asien und blieb meist verschont von solch profanen Dingen.

Wir stapelten ihre Möbel, Bilder, Schachteln, Fernseher, Kühlschrank und Teppiche bei uns zu Hause in die Garage.

Im folgenden Frühjahr luden wir alle ihre Sachen aus unserem Haus raus und in einen Lieferwagen rein. So kam ihr restliches Hab und Gut nach Polen in ihr winziges, überhaupt nicht rollstuhlgängiges Häuschen.

Später haben wir erfahren, dass Grossmama einen enormen Verschleiss an pflegenden Frauen gehabt habe. Franicek musste in immer weiterer Entfernung nach willigen Frauen suchen. Das mit dem Befehlen ist halt so eine Sache... sogar in Polen!

Weihnachten im Posamenterhaus
Ein Zeitdokument

Mein Grossvater wurde 1896 geboren. Er erzählte mir oft aus seinem Leben. Ich hörte seinen wahren Geschichten gerne zu und blieb mäuschenstill, um ihn ja nicht in seinen Erinnerungen zu stören. Wie ein „Kino im Kopf" entstanden Bilder vor meinem inneren Auge und ich stellte mir vor, ich befände mich mitten drin im Geschehen. Einige dieser Erzählungen blieben unvergessen, wie diese, die er mir an einem Wintertag, kurz nach Weihnachten, berichtete.
Ich war ungefähr zehn Jahre alt, als ich bei meinen Grosseltern zu Besuch war und einige silberne Weihnachtskugeln zerbrach, da ich sie zum Spielen vom Bäumchen abnahm. Natürlich freuten sich meine Grosseltern nicht darüber. Ich musste versprechen, die Kugeln fortan nur noch mit den Augen zu inspizieren. Mit den Scherben aber durfte ich ein glitzerndes Mosaik auf Karton kleben.
Grossvater setzte sich neben mich, schaute mir eine Weile zu, und begann dann zu erzählen:

„Wir, die sieben Kinder und unsere Eltern, hatten sehr hart zu arbeiten. Der Spruch von der „guete alte Zyt" zeigt eine einseitige Verherrlichung. Wir wohnten im „Hirschen", mitten im Dorf. Nebst der Schankstube, die vor allem von meiner Mutter betreut wurde, unterhielten wir, wie die meisten Leute in diesen Baselbieter Dörfern, einen kleinen Bauernbetrieb und einen Posamenterstuhl. Da mussten alle mithelfen beim Bändel weben, vom Kleinsten bis zur alten Grossmutter. Allein darüber gäbe es viel zu berichten, aber ich erzähle dir ein anderes Mal Genaueres zu diesem Thema. Mein Vater war zudem noch „Bottewagefahrer". Die „Sydebändel" wurden zu ihm gebracht, und er hatte sie mit seinem Zweispänner alle paar Wochen vom Rünenberg nach Basel zu transportieren. Weisst du, das war oft eine gefährliche Sache, vor allem auf der Rückfahrt, wenn er den ausbezahlten Lohn, den ihm „d'Sydeheere" in Basel ausgehändigt hatten, auf sich trug und er dieses Geld den verschiedenen Weberfamilien in seinem Dorf mitbringen musste. Es gab manchmal tatsächlich Überfälle und die „Bottewagefahrer" wurden ausgeraubt. Einmal wurde sogar einer ermordet! Meine Mutter und wir Kinder gerieten jeweils in grösste Unruhe, wenn sich der Vater verspätete. Auch Unwetter, vor allem im Winter, liessen die Reise für Rosse und „Bottewagefahrer" zu einem beschwerlichen Abenteuer werden.

Es war wegen Schneesturm und Vereisungen, als sich unser Vater einmal derart verspätete, dass er sogar am Heiligen Abend unzeitig noch unterwegs war.

Wir Kinder freuten uns jedes Jahr unbändig auf den Heiligen Abend. Die Stallarbeit war getan, die Wirtsstube war an diesem Tag geschlossen, der ewig knarrende, fordernde Webstuhl hielt sich für einmal still. Ein Tannenbäumchen stand geschmückt in der Stube und wir freuten uns auf das kleine Päckchen, das für jedes Kind unter dem Bäumchen bereit lag. Neue Strümpfe oder Handschuhe waren dort meistens drin, oder auch eine Mütze. Uns hatte die Mutter streng verboten, die Stube zu betreten. In den Kammern war es kalt, dort wollten wir nicht warten. Die meisten hockten in der Küche, aufgeregt, nicht nur, weil Weihnachten war, sondern eine ungute Aufregung breitete sich aus, weil der Vater aus Basel noch immer nicht zurück war. Natürlich gab es damals keinerlei Möglichkeit, jemanden über den Grund einer Verspätung zu benachrichtigen. Die Schwestern begannen zu beten, dass dem Vater und den Tieren ja nichts geschehen sein möge…

Längst war es dunkel geworden. Normalerweise würden wir um diese Zeit unter dem Weihnachtsbaum sitzen und Lieder singen. Der Vater und mein Bruder Traugott begleiteten unseren Gesang jeweils auf ihren Handorgeln.
Traugott und ich, wir rannten immer wieder hinaus auf die Dorfstrasse um zu sehen, ob die schwankende Laterne am „Bottewage" nicht endlich erscheine. Wir sahen aber nichts, nur Kerzenschimmer aus anderen Wohnstuben, wo Nachbarn am feiern waren.
Unsere Mutter wurde immer nervöser. Wir Kinder sollten endlich einmal still hocken, sonst könne man ohne Weihnacht zu Bett gehen, so ermahnte sie uns aufgeregt.
Die Zeit schien zu schleichen. Man konnte, in dieser argen Situation, wirklich vergessen, dass Heiliger Abend war.
Und da kam mir der unselige Gedanke, in unserer Stube nachzusehen, ob das Weihnachtsbäumli wahrhaftig da drin stehe, und die Päckli... Ich schlich mich in den dunkeln Raum. Es roch so wunderbar nach Tannenharz und Wachskerzen, ich tastete mich sehr nahe an den Baum heran - und dann tschäpperte es plötzlich ganz furchtbar! Ich stand wie erstarrt. Die Türe knallte auf und im Lichtschimmer sah ich das Unglück: Der Tannenbaum, an den ich im Finstern wohl gestossen war, lag umgestürzt am Boden, erbärmlich zugerichtet. Einige Scherben unserer wenigen kostbaren, mundgeblasenen Weihnachtskugeln, die Freude und der Stolz meiner Mutter, glänzten auf dem Riemenboden, zwischen roten Äpfelchen und Baumnüssen. Meine Mutter zündete nun ein Licht an. Sie näherte sich dem Unglück und mir, dem Unglücksraben. Sie hob einige Scherben hoch, dann heulte sie auf. Und dann flog ich, von der Wucht ihrer Ohrfeige getroffen, durch die Stube. Ich wurde sofort rauf in die Kammer geschickt, mein Heiliger Abend war damit vorbei!
Ich weiss noch, wie ich im eisigen Bett schluchzte, wie ich

endlich doch den Vater heimkommen hörte. Die Pferde wurden abgeschirrt und in den Stall geführt. Diese Geräusche waren mir vertraut. Ich stellte mir vor, wie man sie abreiben und füttern würde. Ein Lärmen und Rumpeln verriet mir, dass der „Bottewage" in die Scheune gekarrt wurde.
Die Kälte und die Angst vor Vaters handgreiflicher Strafe liessen mich schlottern. Er ignorierte mich aber in dieser Nacht. Man schien mich einfach vergessen zu haben, da oben in der Kammer. Unten sangen sie die Weihnachtslieder, „Stille Nacht, heilige Nacht, alles schläft, einsam wacht...", die Klänge der Handorgeln hatten irgendetwas Vertrautes an sich, zu dem ich nun nicht mehr gehörte. Ich muss lange wach gelegen sein und fühlte mich unendlich einsam, in dieser unheiligsten Nacht meines jungen Lebens.
Am anderen Morgen traute ich mich kaum herunter. Zum Glück hatte ich zuerst meine Arbeit im Stall zu erledigen.
Von meinen Geschwistern erfuhr ich, dass sich mein Vater so sehr verspätet hatte, weil er es wegen des starken Schneefalls kaum die Strasse auf den Rünenberg hoch schaffte mit seinem Fuhrwerk. Die Pferde glitten immer wieder aus.
Von meinem eigenen Pech redete keiner mehr, als wäre nichts geschehen.
Am Weihnachtsnachmittag, unter dem wieder aufgerichteten Bäumchen, erblickte ich mein einsam liegen gebliebenes Päckchen. Ganz langsam kehrte auch für mich wieder so etwas wie Weihnachtsfriede ein."

Das erzählte mir mein Grossvater damals, als ich selber noch klein war. In diesem alten Mann begegnete ich dem traurigen kleinen Buben Hermann. Und den versuchte ich zu trösten. Ich schenkte ihm mein Mosaik, denn ich spürte, dass es „meine" Scherben der Kugeln waren, welche ihn an diesen traurigen Heiligabend erinnerten.

D' Wunderchlungele

Ich hatte zwei Gotten und war stolz darauf. Die eine beschenkte mich zu Weihnachten mit Silberbesteck - die andere auch. Sie waren damals üblich, von der Wiege bis zur Hochzeit, diese kostbaren Sammelgaben zur zukünftigen Aussteuer!
Beide überraschten mich jedoch an einem winterweissen Weihnachtsfest, zusätzlich zum Silber, mit je einer „Wunderchlungele". Ich hielt etwas ratlos einen dicken blauen und einen fetten hellgrünen Wollknäuel in meinen Händen, besteckt mit je zwei langen, spitzen, rosaroten Stricknadeln. Wohlerzogen lächelte ich, dabei weiss ich noch heute ganz genau, dass ich überhaupt kein bisschen Freude empfand über solche Geschenke.
Man erklärte mir, dass ich beim fleissigen Verstricken der Wolle auf kleine versteckte Überraschungen stossen werde, die sich im Knäuel eingewickelt befänden. Je tüchtiger ich stricken würde, desto schneller könne ich sie entdecken.
Ich mochte ganz und gar nicht stricken. Ich war damals in der zweiten Primarklasse und habe es, im Gegensatz zu perfekten Wunschtöchtern, überhaupt nie lernen wollen.
„Wenn du die Überraschungen finden willst, musst du stricken!", sprach meine Mutter streng, als ich den blauen Knäuel kurzerhand abwickeln wollte. Damit hatte sie, ohne es zu ahnen, meiner hoffnungsvollen Zukunft als Schlaumeier den Riegel geschoben, mit lebenslanger Wirkung.
„Fleiss und Ausdauer sollen belohnt werden", doppelten die Gotten nach. Ich fürchte, dass meine Karriere zur „Angepassten" hier wurzelt.
Irgendwer hatte mir dann etwa dreissig Maschen angeschlagen. Leidend, mit verschwitzten Händen, übte ich „inestäche, umeschloh, durezieh und abeloh".

Langsam kroch der Wollfaden über und zwischen meine Finger und hinterliess tiefe Rillen auf der Haut. Immer in der frommen Hoffnung, mein Fleiss und meine Ausdauer würden endlich belohnt, nippelte und hippelte ich täglich nach der Schule an meinem Rippliblätz, bis nach Stunden endlich ein armseliges Bonbon aus dem Knäuel schimmerte.
Das also war der Lohn für meinen freudlosen Einsatz! Ich lernte früh, dass sich die Strickerei nicht wirklich auszahlt, und dass sie wohl nie zu meinen bemerkenswerten Talenten gehören würde, trotz gutem Willen und christlicher Ausdauer.

Gleichzeitig lernte ich, dass erfolgreiche Kinder entweder geschickter waren als ich, oder eben schlauer.
Die Geschickten bestrickten ganze Familiensippen oder sie wurden Handarbeitslehrerinnen.
Die Schlauen aber beeindruckten mich. Sie wickelten die Wolle des Wunderknäuels unbekümmert ab, liessen sich dabei nicht erwischen und kamen so am schnellsten zu den Süssigkeiten. Das dabei entstandene „Wullegnusch" überliessen sie der Katze zum spielen. Es waren meistens dieselben Kinder, welche damit prahlten, immer am ersten Dezember gleich alle Fensterchen des Adventskalenders aufzureissen, um sofort in den Genuss sämtlicher Schokolädchen zu kommen.
Solche Schlaumeier wurden möglicherweise zu erfolgreichen Bankern oder Abzockern, oder sie wurden Politiker. Es fuchst mich bis heute, dass ich mich zu wenig mit ihnen befasste, damals. Sonst wäre vielleicht doch noch „etwas Rechtes" aus mir geworden!
Dafür begann ich sehr früh zu lesen. Illegal las ich auf dem Klo oder auf dem Kirschbaum, mit der Taschenlampe unter

der Decke, im Heuschober - und legal in jeder freien Minute. Von nun an wünschte ich mir nur noch Bücher zu Weihnachten. Als Leseratte entpuppte sich das Kind!
Ständig schwebte ich irgendwo zwischen Buchdeckeln und phantastischen Tagträumen. Solche Kinder galten im allgemeinen als nicht sehr nützlich, - ausser an Familien-Weihnachtsfeiern. Wenn wir rund um den Weihnachtsbaum plötzlich zu laut und zu wild wurden, schickte man mich, zusammen mit meinen sämtlichen Cousins und Cousinen, in das grosselterliche Schlafzimmer. Ich thronte jeweils im Schneidersitz auf den Kissen, die anderen Kinder gruppierten sich auf und um das breite Bett herum, und dann fabulierte ich wild drauf los, erfand Geschichten und erzählte begeistert. Die Erwachsenen hatten ihre Ruhe.
„Lesen" bedeutete früher beinahe das Gleiche wie „arbeitsscheu". Aber das galt natürlich lange vor dem Computer Zeitalter. Heute bejubelt man lesende Kinder!
Ziemlich brav, angepasst, eher ungeschickt und manchmal etwas verträumt... aber gut ausgerüstet mit Silberbesteck, Büchern, viel Phantasie und einem guten Mundwerk, so trat ich ein ins Erwachsenenleben. Aus dieser Mischung entstand schlussendlich eine - Relilehrerin...
Hier noch ein Tipp: Wenn Sie herausfinden möchten, ob Ihr Kind ein Schlaumeier, eher angepasst oder fleissig und geschickt ist, schenken Sie ihm einfach eine „Wunderchlungele" zu Weihnachten!

Änisbrötli

Eine vergnügliche Studie über ein traditionelles Weihnachtsgebäck - und dessen Füsschen...

Sie sind standhaft, denn sie haben Füessli. Diese sollten sie jedenfalls unbedingt haben. In einem 200 Jahre alten Rezept findet sich nämlich bereits der Hinweis: "Änisbrötli ohne Füsschen sind ein Ärgernis."
Nun, vielleicht gerade dank ihrer Standhaftigkeit haben sie sich auf der Bestsellerliste der Weihnachtszeit bis heute halten können, seit etwa dem 17.Jahrhundert.
Es gibt eine ganze Geschichtsschreibung über die Änisbrötli, Chräbeli oder Springerle (so nennt man sie in Deutschland), und ihre kunstvoll geschnitzten Models. Seit Jahrhunderten galt es dem Prestige der Hausfrau und der Familienehre, an Weihnachten (und anderen Festen) mit zierlich geschmücktem Gebäck aufwarten zu können.
Ich beschreibe nun aber keine der aufwendigen Holzmodels, sondern verweile schlicht bei den Füessli. Meine eigenen, mit Guetzliförmli ausgestochenen Änisbrötli – ich muss es zugeben – kommen an acht von zehn Weihnachten schräg daher. Diese banale Tatsache hätte für mein Grossmutti „verdorbene Weihnacht" bedeutet. Die Änisbrötlibäckerei war eine ernsthafte Sache und ihr Gelingen hatte tatsächlich mit Grossmutter's Ehre zu tun. Sie hatte vor dem Backen, in die sorgfältig ausgestochenen Änisbrötli, die Muskatnussreibe in die weiche Oberfläche gedrückt. Das ergab ein filigranes, zartes Muster, wie ich es heute bloss noch beim Gebäck meiner Tante sehe, die diese Familientradition weiter pflegt.
An einer Adventsausstellung in unserem Dorf wurden die angebotenen perfekten Änisbrötli genossen und gerühmt.

Bald wurden deren mollige, schön geratene Füessli zum heiss diskutierten Thema unter den anwesenden Frauen. Ich notierte spontan:
Rosmarie sprach: "Meine Grossmutter hat immer dasselbe Wallholz benutzt und zwar ausschliesslich für die Änisbrötli. Für nichts anderes! Das halten wir heute noch so. Zudem müssen die Eier zimmerwarm sein, sie dürfen keinesfalls aus dem Kühlschrank kommen. Sowieso müssen die Zutaten alle die gleiche Temperatur haben. Und – so sagte meine Grossmutter – alles müsse unbedingt vom Konsum kommen: Zucker, Mehl, Änis,… Migrosmehl gehe gar nicht. Basta. Grossmutter hatte seinerzeit die Bleche noch mit Schweineschmalz eingeschmiert. Das hingegen tun wir nun nicht mehr. Anke tut's auch. Aber, um Gottes Willen, nehmt niemals Backpapier! Und nie die Bleche bemehlen, ist ja klar!"
Ruth W. kontert: "Ich habe aber noch nie so schöne, ausgeglichene Füessli gehabt, wie in diesem Jahr. Ich habe nämlich zum ersten Mal in meinem Leben Backpapier benutzt. Und Migrosmehl!"
Schueler Hedi ergänzt: „Man muss die Chräbeli mindestens einen ganzen Tag auf dem sehr grosszügig eingefetteten Blech trocknen lassen, besser zwei. Und ja nicht im Durchzug lassen! Die beste Backzeit sei übrigens am Vormittag zwischen 9.00 Uhr und 11.00 Uhr, wegen dem Elektrisch…"
Hilda meldete sich würdevoll, dass man in ihrer Familie überhaupt nur am Sonntagmorgen Änisbrötli backen dürfe. Das sei bei ihnen immer so gehalten worden. Nur am Sonntag sei der richtige Segen dabei, so dass sie gerade Füsschen bekämen!
Sylvias Schilderung ist drastisch: „Man höre!", rief sie. „Meine Nachbarin stakte grimmig und stark paffend und

qualmend im eiskalten Garten auf und ab. Sie müsse ihre Wut verrauchen lassen, grollte sie. Sie habe zum ersten Mal alle Änisbrötli auf Backpapier gelegt und nun seien die elenden Flossen zu krummen Scheichen geworden. Sie sei wahnsinnig hässig wegen diesen Dingern. Diese Senkfüsse könne man ja niemandem aufstellen und die ganze Arbeit sei für die Katz. Wegen dem Backpapier, diesem Mist!"
Vreni fragt, ob die etwa gar einen Heissluftofen habe? Wer einen solchen habe, bekomme zwangsläufig krumme Füsse. Es gehe halt nichts über die Ober- und Unterhitze.
Margrit meint:" Man muss beim Backen die Ofentüre immer ein Spältchen offen halten, nur so gehen die Brötli harmonisch auf."

Der einzig männliche Anwesende hält sich nun nicht mehr zurück und erklärt, seine Mutter habe die gefüllten Bleche mit feuchten Küchentüchern bedeckt 24 Stunden ruhen lassen. So seien die Füsschen, seines Wissens, immer technisch perfekt heraus gekommen.
Eine alte Dame wagte sich endlich, mit ihrem eher rabiaten Tipp, an die Öffentlichkeit: „Kennt ihr den Kellenschlag nicht?"
Niemand wusste, was das bedeuten soll. Die alte Dame lachte spitzbübisch und erzählte: „Nun wohne ich ja im Seniorenheim und ich muss nicht mehr backen. Aber wir haben es immer so gemacht: Gegen Ende der Backzeit öffneten wir die Ofentür und haben mit dem Kellenstiel jedem Änisbrötli einen Klaps in die Mitte verabreicht. So wagten sie es nie, krumm aus dem Ofen zu kommen!"
Eine etwas exotisch-britische Abart trägt Marianne, die seit Jahren in England zuhause ist, vor: „Mit Änis wurden sie mir jahrelang schief, bis es mir verleidete. Ich nahm an, das

englische Mehl sei schuld an diesem Desaster. Schlussendlich mischte ich Cardamom in den genau gleichen Änisbrötliteig, und siehe da: sie kommen auf geraden Füssen aus dem Ofen raus!"

Regina sprach: „Mit meinem nüchternen Scharfsinn hörte ich stets gut zu, was alle reden, um zu gleichmässigen Bödeli zu gelangen. Fazit: Die ausgestochenen Dinger müssen hoch oben, am besten auf einem Schrank trocknen, damit sie vor Zugluft oder Luftbewegungen, verursacht durch umhergehende Personen, komplett geschützt sind. Diese Zimmertür sollte man unbedingt 24 Stunden lang verschlossen halten. So habe ich es gehalten und ich hatte jahrelang die schönsten Füessli. Eines Tages aber waren, - oh Jammer, sämtliche schräg. Nach gründlichem Überlegen wurde mir klar, dass die Ursache zu diesem Drama der neue Computer war! Der PC-Bläser hat dort im Zimmer für Luftwirbel gesorgt, und schon war's passiert!"

Regina, genau diese Regina, die dank dem leidigen PC-Gebläse einst an der Schräglage der Füsschen gelitten hatte, schrieb gerade kürzlich übers Facebook: „Kommt alle her, die ihr Lust auf Änis-Kümmelbrötli haben solltet! Ich habe diese saublöden Samen verwechselt... himmeltraurigerweise!"

Das Thema ist noch ausbaubar!
Aber ich versichere Ihnen: Ob Sie mit Ihren Änisbrötli nun auf krummen oder geraden Füsschen durch den Advent trippeln werden, schmackhaft sind sie in jeder noch so schiefen Lage! Und dem Fest der Liebe tut solches ganz gewiss keinen Abbruch.
Fröhliche Weihnachten!

VI I Zum Abschluss das Ende

Wohlfühlhotel *Zum goldenen Sternlicht*
Utopie

Sie studierte den farbenfrohen, teuren Hochglanzpapier-Prospekt sehr gründlich und blätterte ihn immer wieder durch, von vorne bis hinten.
Er sah einladend aus, wirkte ansprechend und ein Hauch von Luxus, nicht zu viel und nicht zu wenig, verhalf ihm zu einer sehr seriösen, vertrauenerweckenden Erscheinung.
Hanna nippte an ihrem Tee. Ihre Hand zitterte ein wenig, als sie die Tasse zum Mund führte. Sie sass in ihrem Rollstuhl, den sie seit mehreren Jahren benutzen musste, und versuchte mühsam, das Telefon auf dem Regal zu erreichen.
Ihre Tochter meldete sich sofort.
„Mama - gut dass du anrufst. Hast du den Flyer schon gelesen? Und - was meinst du? Wäre das etwas für dich?"
Hanna antwortete in ihrer langsamen, leisen Stimme:
„Weisst du, eigentlich gefällt mir der Gedanke nicht schlecht, demnächst in das Wohlfühlhotel ‚Zum goldenen Sternlicht' zu wechseln. Mir fällt hier wirklich oft beinahe die Decke auf den Kopf, Angela. Ich bin müde geworden und erschöpft von den ewigen Schmerzen. Du wohnst leider so weit weg und kannst mich ja bloss selten besuchen. Aber lass mich nochmals darüber schlafen, und ich überlege mir alles ganz gründlich, auch wegen der Kosten. Wahrscheinlich gäbe es auch günstigere Möglichkeiten. Bitte, Angela, erzähl deinem Bruder noch nichts davon, ja? Zuerst möchte ich ganz sicher sein. Paul, in seiner grossen Überfürsorge, will mich sonst vielleicht nicht ziehen lassen!"
„Kein Problem, Mama. Ich finde es sogar wichtig, dass du noch zwei-, drei mal darüber schlafen wirst. Schliesslich sitzt du nun schon so manches Jahr in diesem Pflegeheim

-da darf man solch lebenswichtige Entscheidungen nicht überstürzen, hörst du? Du selber musst entscheiden - und du musst dir ganz sicher sein, dass es das Richtige sein wird für dich, Mama. Sowohl Paul, wie auch ich und unsere Familien, wollen wirklich nur das Beste für dich. Und hör auf, dir wegen der Kosten Gedanken zu machen! Dein Aufenthalt im Pflegeheim bewegt sich ja seit langem in astronomischen Dimensionen. Wenn du jetzt endlich aus diesem Heim heraus kommst, darf es wirklich für dieses eine Mal etwas teurer sein!"
Hanna war gerührt. So viel Fürsorge und Einfühlsamkeit von Angela war sie nicht mehr gewohnt. Ihre Tochter, diese Powerfrau, hatte Karriere gemacht in einer Anwaltspraxis, und die vielen Termine um ihre wichtigen Klienten liessen ihr wenig Raum für ihr Privatleben. Ihre Kinder wurden, als sie noch klein waren, von einer Nanny betreut, und Frank, ihr Ex-Ehemann, reiste meist in der ganzen Welt herum, im Auftrag seiner Bank.

Hanna erinnerte sich an die Zeit, als Paul und Angela noch klein waren. Sie war ausschliesslich Hausfrau und Mutter gewesen, und Freddy, ihr Mann, verdiente als Chemiker gut genug für die ganze Familie. Die Kinder machten ihr viel Freude. Sie waren aufgeweckt, klug, sportlich und meist guter Dinge. Sie konnten viele ihrer Hobbys ausleben, weil Hanna die beiden mit ihrem kleinen Wagen überall hin chauffiert hatte.
Freddy starb, kaum war er pensioniert. Seit über zwanzig Jahren war Hanna nun Witwe. Und seit beinahe acht Jahren sass sie schon in diesem Pflegeheim, an den Rollstuhl gefesselt, oft von Schmerzen gepeinigt, seit sie durch einen Sturz gelähmt war an beiden Beinen. Ihr Gedächtnis allerdings war brillant. Sie löste ihre Sudokus und Kreuzwort-

rätsel immer noch in Windeseile und sie war stolz darauf. Eigentlich hatte sie sich längst an den Alltagstrott hier im Heim gewöhnt, bis sie vor einigen Wochen den viel beachteten Artikel über das Wohlfühlhotel ‚Zum goldenen Sternlicht' gelesen hatte. Und seitdem ging er ihr nicht mehr aus dem Sinn. Endlich redete sie mit Angela über das äusserst heikle Thema, und ihre Tochter hatte sofort, tüchtig wie immer, diesen Luxusprospekt beantragt und ihn an sie schicken lassen.

Einige Wochen sind inzwischen vergangen - aber heute ist es soweit! Angela ist extra die vierhundert Kilometer hierher gefahren und sitzt nun neben ihrer Mutter im Auto. Paul ist am Steuer und neben ihm befindet sich Lilly, seine Frau.
„Die Kinder sind bereits beim Hotel!", erzählt Angela etwas übereifrig. „Die lassen sich's nicht nehmen, ihre Oma auf diese letzte grosse Reise zu begleiten!"
Lilly spricht nicht viel. Immer wieder tupft sie sich die Augen mit ihrem Taschentuch. Sie habe Heuschnupfen, erklärt sie, was aber nicht die wirkliche Ursache ihrer Tränen ist.
„Bist du dir auch ganz sicher, Mama, dass dies das Richtige ist für dich?", fragt Paul. Seine Stimme klingt sehr besorgt. „Wir können sofort wieder umkehren, wenn du unsicher bist, oder es dir doch zuviel wird, das solltest du wissen, Mama!"
Hanna redet nicht. Sie sitzt in ihren Stützkissen und lässt sich nochmals alles durch den Kopf gehen - all die vielen Vorbereitungen, die sie getroffen hat, bis zu diesem heutigen Tag. Sie durfte ihr Zimmer auswählen! Sie hatte alle Fotos genau angesehen im Prospekt. Ihr hat das hellgrüne Zimmer am besten gefallen. Obwohl - auch das rosarote war wunderhübsch! Das goldene war zu diesem Termin bereits belegt und kam darum überhaupt nicht in Frage.

Sogar die Blumen durfte sie wählen: Sie möchte weisse Rosen auf dem Beistelltisch, im Bad und auf dem Schreibtisch haben, zudem blassgelbe Gerbera, gemischt mit violetten Glockenblumen bei den Fenstern. Auf den Nachttisch wünscht sie sich ein Sträusschen duftender Maiglöckchen mit tiefblauen Vergissmeinnicht. Ein wenig Luxus tut gut, nach all den Jahren im Pflegeheim!
Zudem freut sie sich auf die riesigen, dreidimensionalen Wandbilder, eine Spezialität des Hauses. Im blassgrünen Zimmer, gegenüber vom Bett, gleicht die grosse Fotowand täuschend echt einem Frühlingswald! Es gehört dazu, die passende Musik oder die Naturgeräusche zu wählen. Hanna durchlitt schlaflose Nächte, derart schwer fiel ihr diese Entscheidung. Sie arbeitete sich in ihrem Zimmerchen im Heim durch all ihre Lieblingskonzerte, und die Auswahl beschäftigte sie bis zum Tag ihrer Abreise. Zuletzt hatte sie „Mozarts kleine Nachtmusik, weitere Mozartstücke, danach „Pachelbel's Canon" in die Wunschliste eingetragen. Und zudem: „Vogelgezwitscher im Frühling".
„Wir sind da!", zwitscherte Angela.
„Ein wunderbares, edles Haus - beinahe ein Schloss! Schaut mal, auch von aussen sieht es mystisch, oder fast ein wenig gespenstisch aus!"
Paul schiebt den Rollstuhl ganz nahe an das Auto heran und gemeinsam hilft man Hanna hinein. Sie strahlt, als sie ihre Enkelkinder gewahrt. Sie wird von allen Seiten umarmt und geherzt und es ist, als hätte sie Geburtstag!
Eine sehr gepflegte, sehr freundliche Empfangsdame heisst Hanna herzlich willkommen im Wohlfühlhotel ‚Zum goldenen Sternlicht': „Möge dies der schönste Aufenthalt ihres Lebens werden, gnädige Frau."
Hanna ist begeistert, als sie ihr hellgrünes Zimmer beziehen darf. Sie bewundert die Blumen, die alle genau so, wie

sie es gewünscht hatte, arrangiert worden sind. Im Zimmer schenkt Angela ihrer Mama ein teures neues Nachthemdchen, in zartem Lindengrün, ein Hauch mit Spitzen. „So etwas Schönes habe ich noch niemals angezogen", sagt Hanna ergriffen. „Wie schade, dass mein Freddy mich darin nicht sehen kann."
Angela lächelt kapriziös: „Warum denn nicht, Mama? Papa kann dich ganz sicher sehen! Du glaubst doch hoffentlich daran, oder? Er freut sich bestimmt mit dir, dass du ein derart würdiges Hotel gefunden hast."
Die ganze Familie hat später ein wunderbares, mehrgängiges Diner serviert bekommen. Die Stimmung ist betont ausgelassen, manchmal ein wenig überspitzt. Hanna hat keinen Appetit. Trotzdem erklärt sie ihren Angehörigen, dass das Wohlfühlhotel ‚Zum goldenen Sternlicht' all ihre kühnsten Erwartungen übertreffe, dass sich niemand mehr Sorgen machen müsse um sie, dass die Professionalität bis zum Ende gewährleistet sei. „Stellt euch vor, man hat mich noch nach meinem Lieblingsduft gefragt. Man will mein wunderschönes Waldzimmer damit aromatisieren! Ich habe Rosenduft mit Maiglöckchen verlangt. Und als Schlummer-Drink möchte ich einen veritablen Bordeaux kosten! So zauberhaft schön hatte ich es in meinem ganzen Leben nie!"

* * *

Die Familie wurde einige Stunden später zum Hinterausgang geleitet. Die Neuankömmlinge sollten nicht etwa auf die in Tränen aufgelöste Gruppe treffen.
Der gepflegte Herr am Ausgang bat sie freundlich, die letzten Angaben bitte noch zu überprüfen, um sie dann zu unterzeichnen:
„Frau Hanna Mittler, geboren 1942, verstorben am

13. September 2024, auf eigenen Wunsch, während ihres Kurzurlaubs in unserem staatlich anerkannten Euthanasie-Wohlfühlhotel ‚Zum goldenen Sternlicht'.
Ihr letzter Wunsch, den zu befolgen Sie sich hiermit verpflichten, ist es, in einer nachtblauen Urne, übersät mit goldenen Sternen, im Waldfriedhof ihres Heimatortes beigesetzt zu werden."

Unterschrift eines Angehörigen: ....

Keine Sorge: Diese Erzählung ist die einzige nicht authentische in diesem Buch.

* * *

Impressum
Texte: Ruth Petitjean-Plattner
Illustrationen: Rosmarie Zuber „Zubi"
Layout: Pierre Petitjean
Lektorat: Katharina Plattner
Kontakt: www.rpp.ch
Online-Shop: shop.infra.ws

Herzlichen Dank an die Personen, die die Erlaubnis erteilten, in diesen authentischen Erzählungen namentlich erwähnt zu werden.

www.infra.ch

Die Autorin Ruth Petitjean - Plattner ist eine begabte Geschichtenerzählerin. Ihre Erzählweise ist einfühlsam. Die Leser oder Zuhörer tauchen ein in ihre eigene Bilderwelt.

Die Autorin ist verheiratet, Mutter eines erwachsenen Sohnes, und lebt im schönen Baselbiet. Sie arbeitet als Religionslehrerin und findet es bereichernd, mit den jungen Menschen zu philosophieren über essentielle Dinge, die unsere Welt bewegen.

Mit Vergnügen liest Ruth Petitjean aus ihren Büchern vor, bei öffentlichen Anlässen, in diversen Vereinen und Institutionen. In Folge jahrelangen aktiven Theaterspiels sind ihre Autorenlesungen lebendig und szenisch gestaltet.

Bereits erschienen von Ruth Petitjean-Plattner:

Haben Engel Bauchnabel? 27.Okt.07
Humorvoll und mit Tiefgang; 24 Kurzgeschichten und
3 Gedichte für Erwachsene, zum Vorlesen an Geburtstag- und
anderen Festen geeignet. ISBN 978-3-9523126-3-6

BENJAMIN will mutig werden 6.Mai.06
Ein Kinder-Bilderbuch über „Mut und Vertrauen". Die Erzählung handelt von Tigern und Löwen in authentischer Umgebung.
ISBN 978-3-9523126-0-5

SKARABUS oder: „Man lebt nicht nur vom Kohl allein ..."
Bilderbuch für Kinder und Erwachsene. Es ist eine symbolische Geschichte über Werden und Vergehen, über Loslassen und Neubeginn. ISBN 978-3-033-00209-8   19.Nov.04

SKARABUS-Klaviernotenbuch 19.Nov.04
Enthält auch die Übersetzungen des deutschen Originaltextes in
E, F, I, R. Das Konzert, mit Melodien zum Bilderbuch, wurde
komponiert von Bettina Urfer. Dauer ca. 30 Min. 19.Nov.04
ISBN 978-3-9523126-1-2   Download/CD siehe www.rpp.ch

Weg der Liebe 24.Dez.02
ADVENTS/WEIHNACHTS-Aufführung, Texte mit
Produktionsanleitung. ISBN 978-3-9523126-4-3

Alle Rechte vorbehalten © 2014 by Verlag infra-text
CH-4422 ARISDORF /BL Switzerland

ISBN 978-3-9523126-7-4